화이트헤드 읽기

세창사상가산책13

화이트헤드 읽기

초판 1쇄 인쇄 2016년 9월 20일
초판 1쇄 발행 2016년 10월 1일
-
지은이 장왕식
펴낸이 이방원
기획위원 원당희
편집 김민균·김명희·이윤석·안효희·강윤경·윤원진
디자인 손경화·박선옥
마케팅 최성수
-
펴낸곳 세창미디어
출판신고 2013년 1월 4일 제312-2013-000002호
주소 03735 서울시 서대문구 경기대로 88 냉천빌딩 4층
전화 02-723-8660   팩스 02-720-4579
이메일 sc1992@empal.com   홈페이지 http://www.sechangpub.co.kr/
-
ISBN 978-89-5586-452-6 04160
         978-89-5586-191-4 (세트)

ⓒ 장왕식, 2016

정가 9,000원

이 도서의 국립중앙도서관 출판시도서목록(CIP)은 서지정보유통지원시스템 홈페이지(http://seoji.nl.go.kr)와
국가자료공동목록시스템(http://www.nl.go.kr/kolisnet)에서 이용하실 수 있습니다. CIP제어번호: CIP2016022721

세창사상가산책 | ALFRED NORTH WHITEHEAD

화이트헤드 읽기

장왕식 지음

13

세창미디어
MEDIA

들어가는 말

화이트헤드Alfred North Whitehead 철학의 특징을 한마디로 표현하면 근대적 유산의 장점을 동원해 탈근대주의의 약점들을 극복하면서도, 탈근대주의가 인류에게 선사한 기여를 잊지 않는다는 것이다.

탈근대주의post-modernism의 약점 중 하나는 철학의 존립근거에 치명타를 가해 철학 자체를 위기에 빠뜨렸다는 것이다. 잘 알려져 있다시피 탈근대주의의 핵심 주장 중 하나는 '해체 deconstruction'이다. 물론 '해체'라는 말은 거친 표현이며 다양한 의미를 지니기는 한다. 그러나 포스트모던 운동으로 대변되는 탈근대의 특징을 '해체주의'라는 말보다 더 적절하게 표현하는 말도 드물다는 지적도 맞다. 그리고 이런 해체주의에 입각한 철학이 인간에게 삶의 가치와 의미에 대해 회의하도록 만드는 경향을 지니는 것은 물론, 철학 자체의 가치하락을 불러온다는 사실도 맞다. 그렇다면 해체주의는 어떻게 철학을 위험에 빠뜨리는가?

수많은 곤경과 더불어 영욕의 삶을 겪는 것은 모든 인간이 짊어진 숙명이다. 그러나 인간은 자기에게 주어진 숙명을 극복할 수 있는 놀라운 도구를 소유하고 있다. 철학이 바로 그런 도구 중 하나다. 인간은 철학이라는 멋진 도구를 가지고 삶의 의미를 발견하며 그것을 통해 자신의 운명을 극복할 수 있는 지식을 쌓아 갈 수 있다는 점에서 여타의 생명체와 구별된다. 그렇게 축적된 지식은 운명을 문명으로 바꾸어 놓으며, 인간은 그것을 통해 자신의 삶에서 다른 의미와 가치를 발견하게 된다.

하지만 오늘날 철학이 갖는 이런 긍정적인 장점에 대해 불신하는 사람들이 점차 늘어 가고 있다는 것이 문제다. 그러지 않아도 현대인들은 삶의 무의미함이 주는 허무의 무게에 짓눌려 살아갈 때가 많은데, 오늘의 탈근대주의 철학은 현대인이 짊어진 이런 무거운 짐을 덜어 주기는커녕 상황을 더욱 악화시킨다고 비난받는다. 해체주의자들이 안내하는 가이드에 따라 세상과 우주의 속내를 자세히 들여다보고 난 후 인간에게 남겨진 것은 그저 의문투성이이며, 무의미와 암울한 세상뿐이라고 생각하는 사람들이 늘어 가고 있다. 물론 회의와 의심의 행위는 철학하는 인간이 갖는 특권이다. 하지만 해체주의 모델이 조언하는 방식대로 인간의 언어를 해석하고 세계를 분석했을 때, 인간은 그저 철학의 기능과 가치에 대한 회의감만 가중시킨다는 것이다. 이제는 철학이 해결사가 아니라 오히려 문제아가 된 것이다.

어쩌다 철학이 이렇게 되었을까? 철학은 정말 인간에게 그저 절망만을 안겨 주는 학문인가? 현대인을 압박하고 있는 허무와 절망의 문제를 해결하기에 철학은 정말 힘에 부칠 정도로 무능한가? 도대체 철학은 어떻게 해야 옛 명성을 되찾을 수 있을까?

필자는 철학이 인간의 문제를 해결하는 데 여전히 가장 이상적인 도구 중 하나라고 믿는다. 하지만 철학이 또다시 인간의 삶에 의미와 활력을 부여하는 긍정적 기능을 수행하고, 나아가 인간으로 하여금 새로운 문명 건설에 적극적으로 나서도록 만들기 위해서는 철학에 새로운 변혁이 필요하다고 생각한다. 즉 철학 자체가 바뀌어야 한다는 말이다. 철학하는 행위를 변혁하는 문제와 관련해 한 가지 다행인 점이 있다면, 오늘날 주위에서 참신한 형태의 새로운 통찰력을 제공하는 철학을 많이 발견할 수 있다는 사실이다. 화이트헤드의 철학은 바로 그중 하나다.

최근 많은 동서의 지식인들은 인간과 우주의 비밀에 대한 폭넓은 안목과 깊은 지혜에 기초한 탁월한 철학적 운동 중의 하나로 화이트헤드의 과정철학을 꼽아 왔다. 화이트헤드가 창안한 과정철학, 혹은 소위 유기체 철학이야말로 인류가 염원하는 참신한 모델의 이상적 철학이 될 수 있다고 평가한 것이다.

하지만 화이트헤드의 과정철학이 20세기 초에 탄생되었을 당시, 그것에 흥미를 느끼는 사상가는 별로 많지 않았다. 우선 당시로서는 '과정철학' 혹은 '유기체 철학'이라는 이름의 화이트헤드 사상이 낯선 것으로 느껴졌을 뿐만 아니라, 너무나 새롭고 생경한 개념으로 가득 차 있어 독해에 어려움을 느꼈기 때문이다. 이런 이유로 화이트헤드의 철학은 처음에는 큰 주목을 받지 못했다. 그러다가 20세기가 끝날 무렵에야 화이트헤드의 철학이 비로소 인기를 끌게 되었다. 그 배경에는 신학자들의 관심도 한몫을 담당했지만, 무엇보다도 영미의 언어분석철학에 대한 식상함도 하나의 이유를 제공했고, 유럽에서 불고 있었던 포스트구조주의 계열의 포스트모던 운동에 근거한 생성철학의 인기, 최근 동아시아에서 불기 시작한 생성철학에 대한 관심 등에서 연유한 것으로 볼 수 있다. 화이트헤드의 철학이 새로운 형이상학의 제시를 통해 신학이나 종교학 분야에 참신한 아이디어를 제공했을 뿐만 아니라, 서구의 포스트모던 운동의 담론에 새로운 토론거리를 제공했고, 나아가 동아시아 사상이 근간으로 하고 있는 관계, 변화, 생성의 개념이 가지고 있는 철학적 가치에 대해 새롭게 조명해 보도록 자극했기 때문이다. 최근 중국에는 화이트헤드의 사상이나 '과정사상'을 공부하는 연구소만 십여 개가 넘는 것으로 알려져 있다.

특히 최근 유럽에서도 새롭게 조명되고 있는 화이트헤드에 대한 관심은 우리의 주목을 끌 만하다. 주지하다시피 유럽 사상계의 일각에는 언제나 시간의 철학과 생성의 철학을 중시하는 전통이 한 축을 담당하고 있었는데, 니체Friedrich Nietzsche와 하이데거Martin Heidegger 그리고 베르그송Henri Bergson 등이 그 대표 격이라 할 수 있다. 이들에게 영향받아 형성된 포스트구조주의 철학이나 포스트모던 문화 운동에 동조하는 많은 사상가들이 화이트헤드 철학에서 그들의 것과 유사한 학문적 공통점을 발견하고 있는 것이다. 물론 화이트헤드의 철학은 포스트구조주의나 포스트모더니즘에 영향받아 발전한 다른 형태의 유럽의 생성철학 운동, 예를 들어 데리다, 푸코, 라캉 같은 학자들이 주장하는 해체 중심의 철학과는 확연하게 구별되기도 한다. 화이트헤드의 철학은 여전히 철학의 구성적인 능력을 강조하기도 하고, 때로는 새로운 형태의 형이상학적 모색을 역설하기 때문이다. 그런 의미에서 화이트헤드는 근대의 철학적 정신이 지녔던 철학의 구성력에 대한 신뢰나, 나아가 합리적이고 과학적인 접근 방법에 대해서 여전히 그 중요성을 잊지 않는다. 화이트헤드의 철학이 생성과 과정의 철학을 통해 탈근대주의가 가져온 긍정적 요소를 강조하면서도, 동시에 근대가 남겨 준 바람직한 유산을 계승해 탈근대성이 지닌 문제점을 치유하려 한다는 말은 이런 뜻에서 나온 것이다.

이런 장점에도 불구하고 많은 사람들은 화이트헤드 철학을 이해하는 데 아직도 어려움을 호소하는 경우가 많다. 그 첫째 이유는 이미 말한 바대로 그의 사상이 난해한 신조어들과 심오한 내용으로 이루어져 있기 때문이다. 물론 하나의 체계를 갖춘 모든 고급 수준의 철학은 나름의 신조어를 소유하게 되며 나아가 필연적으로 육중한 내용을 다루게 된다. 이런 이유로 초심자에게는 접근이 용이하지 않은 것이 사실이다. 하지만 이런 사실을 모두 감안하더라도 화이트헤드의 철학은 매우 어렵기로 정평이 나 있다. 물론 이는 부분적으로 화이트헤드의 책임이기도 하다. 아무리 심도 깊은 내용일지라도 그것에 보다 접근하기 쉽도록 만드는 방법은 얼마든지 존재하기 때문이다.

그러나 설사 그런 방법을 발견한다고 할지라도 여전히 많은 사람이 화이트헤드의 철학에 접근할 때 어려움을 느낄 것이다. 그 이유는 보다 근본적인 것에서 기인한다. 즉 심오함과 육중함이라는 말이 암시하듯이, 학문적으로 볼 때 화이트헤드의 철학이 너무도 다양하고 포괄적인 분야를 아우르는 복잡한 체계를 갖고 있기 때문이다. 하나의 사유 체계가 다양함과 포괄성을 다루기 위해서는 언제나 복잡하고 치밀한 사유를 필요로 하게 되는데, 대부분의 초심자들은 이런 사유의 복잡함에 곧잘 지치곤 한다. 이와 관련해 오래전부터 초심자들을 지치게 만들지 않으면서도, 화이트헤드의 포괄적인 체계를 일목요연하게 알아볼 수 있도록 하는 쉬운 안내서에 대한 요구가 있었다.

본 저서는 이런 쉬운 안내서를 기대하는 사람들의 요구에 부응하기 위해 기획되었다. 따라서 어렵고 심오한 내용의 철학을 쉽게 설명해 내야만 하는 출판사의 기획 의도에 부합하기 위해, 우선 책의 수준을 철학을 전공하지 않은 인문학도들에 맞추었다. 그러므로 어떻게 보면 이런 종류의 입문서는 분명히 하나의 약점을 갖는다. 쉬운 필치로 풀어서 쓰다 보니 때로 논리적 엄밀성에서 무뎌짐을 감수하지 않을 수 없기 때문이다. 그러나 아무리 읽기 쉬운 내용 외 글이라 할지라도 그로 인해 화이트헤드의 근본 사상이 왜곡되어서는 안 되므로 신경을 쓰면서 집필했다. 전문적인 화이트헤드의 개념들을 평이하게 설명하는 과정에서 일반적 사례를 사용하게 되는 경우, 넉넉한 해석이 곡해와 소모적 논쟁거리를 남길 수도 있다는 점을 잘 알고 있기에 나름 신중하게 집필하려 애썼다. 물론 이 경우와 관련해 제기되는 질문과 토론에 대해 필자는 얼마든지 열린 자세로 응하겠으며, 그것이 건전한 비판이라면 훗날의 새로운 토론거리로 남기기 위해서라도 경청하겠다.

1장에서 독자들은 화이트헤드의 철학이 전제하는 핵심 개념인 '과정process'에 대해 상세히 소개받을 것이다. 과정철학은 시간을 흐름, 유동流動의 관점에서 보는 철학, 말하자면 '시간의 철학' 혹은 '생성의 철학'의 한 분과라고 할 수 있는데, 이런 분과가 가진 학문적 특성이 어떻게 화이트헤드의 철학을 독특하게 만드는지 보게 될 것이다. 2장에서는 과정철학이 최근에 인기 있는 주제들을 어떻게 다루는지, 즉 주체의 문제는 물론 차이와 반복, 그리고 새것의 창조에 대해 어떤 주장을 펼치는지 살펴보게 된다. 이를 통해 화이트헤드 철학이 다른 철학들과 어떻게 비교되는지, 그 유사점과 차이가 자연스럽게 부각될 것이다. 3장에서는 화이트헤드가 자신의 철학을 전개하는 데 있어 자주 사용하는 핵심 개념들에 대해 살펴본다. 특히 그가 만들어 낸 신조어들이 어떤 의미를 내포하고 있으며, 그것들이 철학사 안에 어떤 혁신을 가져왔는지 소개한다. 마지막 장인 4장에서는 화이트헤드의 과정철학이 합리주의, 생명철학, 그리고 형이상학의 문제 등을 어떻게 다루는지에 대해 살펴본다.

1

과정으로 철학하기

1
모험으로서의 과정: 철학의 모험

앞에서 잠시 언급한 바대로, 오늘날 철학이 경험하고 있는 위기는 사람들이 철학의 능력에 의문을 제기하면서 시작되었다. 잘 알다시피 인간의 모든 분석에는 좋은 도구가 필요하며 이는 철학적 분석에서도 마찬가지다. 예를 들어 철학적 사고를 통해 자연에 대해 분석할 때, 인간은 과학이라는 훌륭한 도구를 활용한다. 미시세계를 다루는 물리학으로부터 거대한 우주를 다루는 천문학에 이르기까지 철학은 여러 종류의 과학적 지식에 기초해 자연이라는 대상을 분석한다. 그런데 문제는 어떤 종류의 과학을 사용하느냐 하는 것이다. 철학이 잘못된 종류의 과학을 사용하거나 검증이 안 된 사이비 과학을 남용할 경우 그 폐해가 심각할 것이기 때문이다.

화이트헤드의 분석에 따르면 고대의 플라톤에서 시작해 근대의 데카르트René Descartes와 칸트Immanuel Kant를 거쳐 형성된 철학의 문제는 그들의 철학이 올바른 과학적 도구를 사용하지 못했다는 점에 있다.[1] 16세기에 시작되고 18세기에 꽃피며 발전된 새로운 자연과학의 다양한 학문적인 성과들을 충분히 반영하지 못했기 때문이다. 도구 자체가 잘못된 것으로 검증되었음에도 불구하고 근대철학은 계속 낡은 도구를 사용했다. 따라서 인류는 잘못된 도구에 근거한 채 올바르지 못한 철학적 주장들과 부딪치게 되었는데 이것이 철학에 닥친 일차적인 위기의 원인이다.

화이트헤드는 우선 양자역학과 상대성이론이 등장하면서 근대과학의 모든 전제가 잘못으로 드러났다고 본다.[2] 그리고 잘못된 전제의 대표적인 사례로 시간과 공간 개념을 꼽았다. 고대와 중세는 물론 근대의 인간이 학문을 할 때 기본으로 전제하는 가장 중요한 개념이 바로 시간과 공간이었다. 시간과 공간이라는 범주가 없이는 고정된 사물도 없을 것이기 때문이다. 시간과 공간, 그리고 사물이라는 삼자가 상호 유기적인 관계 속에서 자기위치를 고정적으로 점유하고 있어야만 인간은 학문적인 분석을 가할 수 있다.

그러나 근대가 끝나 갈 무렵 시간과 공간에 대한 과학적 주장은 전적으로 새로운 변화를 겪게 된다. 우선 아인슈타인의 상대성이론에 따라 시간은 절대적인 것이 아니라는 사실이 밝혀졌고, 양자역학의 주장에 따라 사물은 물론 그것이 위치한 공간도 확정하는 것이 불가능하다고 보게 되었다. 이제 사물은 일정한 측정 단위의 구성체가 아니라는 사실이 강조되기 시작했다. 이에 따라 시공과 그 안의 사물에 대한 모든 분석행위도 의문에 부쳐지게 되었으며 철학의 분석능력에도 의문이 제기되고 비판이 가해졌다.

근대철학에 대한 화이트헤드의 이런 비판은 여기서 멈추지 않는다. 화이트헤드에 따르면 이후에 발전된 현대과학의 성과들은 철학의 능력에 대해 더욱 혹독한 비판을 가하면서 철학의 위상에 심각한 타격을 입혔다. 이젠 시간과 공간, 그리고 그 안의 사물이라는 개념을 문제 삼는 것을 넘어서서, 아예 인간인식행위 자체를 문제 삼게 되었다. 시공이라는 도구나 사물이라는 대상을 문제 삼는 것이 아니라, 도구와 대상을 활용하는 인식이라는 사고행위 자체에 의문을 제기하게 된 것이다. 사고행위의 존립과 그 근거에 대해서 따지는 것은 너무 많은 지면을 요구하므로 여기서는 단지 어떻게 인식이라는 철학적 도구에 문제가 제기되었는지에 대해서만 짧게 토론해 보자.

인식과 관련하여 우리가 철학적 도구로 열거할 수 있는 것들은 여러 가지가 있겠지만, 가장 대표적으로 문제시된 것은 의식, 주체, 언어 등이다. 니체나 프로이트는 인간의 의식이 무의식에 의해서 지배되고 있다는 사실에 기초해 인간의 분석과 판단 자체가 매우 비합리적인 과정을 거친다는 사실을 밝혀냈다. 그들에 따르면 인간의 의식은 심히 유동적이고 즉흥적인 감정과 욕망에 의해서 지배된다. 한마디로 무의식이 의식을 좌우한다는 것이다. 따라서 의식이나 그것에 기초해 있는 인간의 명석한 사고나 판단행위 자체가 매서운 비판을 받게되는 상황에 처하게 되었다. 그래도 여기까지는 아직 재해라고 부를 수준이 아니다. 왜냐하면 인간의 인식능력이 아무리 무의식에 의해 좌우되고 영향을 받아도 그 자체가 무의미하다고 생각되지는 않았기 때문이다.

하지만 잘 알다시피 오늘의 학문은 인식능력의 근원으로서 인간의 두뇌나 그것이 활용하는 언어 자체를 문제 삼는다. 두뇌와 언어를 문제 삼는다는 것은 인간 인식의 최종적 바탕이 문제시된다는 것을 의미한다. 그런데 아무리 인간의 인식능력이 의문에 부쳐지더라도, 어쨌든 인간의 주장과 언명은 항상 언어를 통해 만들어지기에 그것을 부정할 수는 없다. 아무리 인식능력 자체가 문제시되고 그것의 비합리적인 부분이 지적되어도, 어쨌든 우리 앞에는 주장과 언명이 놓이며 우리는 그것을 근거로 최종적으로 도출된 판단의 잘잘못을 따지게 되는데, 이런 한도 내에서만 토론이 가능하다는 말이다. 하지만 우리 앞에 놓인 주장들, 즉 소위 언명들 자체가 만일 토론의 테이블에 오를 수 있는 자격을 상실한 것들이라면 우리는 도대체 어떻게 토론을 지속할 수 있겠는가?

자연과학의 발전에 덧붙여 오늘의 사회과학은 인간의 모든 주장과 언명들이 전혀 객관적이거나 공적public이지 못하고, 따라서 서로 비교나 대조가 가능하지 못하다고 갈파한다. 푸코와 데리다와 같은 전문 철학자는 물론이고, 에드워드 사이드Edward Said와 같은 사회과학자나 토머스 쿤Thomas Kuhn 같은 자연과학자 모두가 그와 같은 주장을 펼친다. 한마디로 이들은 모든 주장과 언명은 그것이 펼쳐지는 사회의 관습체계와 권력에 의해 지배되므로 때로는 매우 불순한 의도 속에서 형성된다고 주장한다. 특히 푸코Michel Foucault는 스스로가 정신병원에서 직접 일하고 연구했던 경험에 기초해 한 사람을 정신병자로 규정하는 의학적 판단과 그것을 가능하게 하는 시스템 자체도, 실은 그것을 떠받치고 있는 사회의 권력에 의해서 좌지우지된다는 사실을 밝혀냈다. 과장처럼 들리겠지만, 푸코는 한 사람이 정신병자인가 정상인인가를 판단하는 것은 단지 그 사회를 지배하고 있는 권력에 의해 좌우된다는 것을 입증하려 했다.

이에 덧붙여 에드워드 사이드와 토머스 쿤은 모든 주장과 언명이 그것을 펼치는 공동체와 맥락에 따라서 정상과 비정상으로 갈리기 때문에, 한 공동체가 규정한 합리적 주장이 다른 곳에서는 비합리적이고 비정상적인 것으로 규정된다고 한다. 따라서 한 그룹과 또 다른 그룹이 만나서 토론할 때 전개되는 언명들과 주장들은 애초부터 공유가 불가능한 것들이며, 따라서 한 그룹이 다른 그룹을 향해 내리는 판단 자체는 정당성을 확보하기 어렵다는 것이다.

우리는 이런 이슈에 대해서 토론할 넉넉한 공간을 더 이상 갖고 있지 못하다. 따라서 인간 인식의 주체는 타자에 의해서 구성되어 있다는 레비나스Immanuel Levinas의 주장이나, 그런 타자가 소위 '상징계'라는 언어세계의 영향력 아래 인간의 욕망과 주체를 구성하기에 인간의 내부는 단지 인간 외부의 산물이라는 라캉Jacques Lacan의 주장 등은 모두 인간의 주체를 해체하는 데 집중되었다는 사실을 지적하는 것으로 짧게 언급하면서 지나가기로 하자. 여기서는 그저 철학이 오늘날 인식론이라는 도구에서 커다란 재해를 입었다는 사실만을 지적하면 되기 때문이다.

이제 철학 공동체가 합의해 온 공적 합리성은 더 이상 불가능한 목표가 되었다. 모든 이론과 진리는 단지 주관적 관점에 의해 갇혀 있기 때문에 우리가 할 수 있는 작업은 그런 관점이 가지고 있는 이데올로기적 한계를 지적하는 것뿐이다. 따라서 철학이 제일 먼저 해야 할 일은 소위 폴 리쾨르Paul Ricoeur가 명명한 대로 '의심의 해석학'을 사용하는 것뿐이다. 그리고 이를 따른다면 모든 주장의 합리성 여부는 결국 그것을 해석하는 자의 몫이 되기에, 이제 우리는 하나의 명제를 접할 때마다 의심에 기초한 해석부터 하도록 요구받는다. 그러나 의심의 해석학은 인식자의 권리의 측면에서 말한 것이고, 의심과 회의를 통해 접근한 대상에는 결과적으로 아무것도 남지 않는다는 것이 문제다. 그 대상에는 사물의 정체성과 동일성은 물론이고 주체도 포함된다. 그 대상이 신이 될 수 있음은 말할 것도 없다. 따라서 이제 우리 앞에 남겨진 것은 아무것도 없고 오로지 해체deconstruction와 그 결과로서의 무nothingness뿐이다.

　오늘날 적지 않은 지성인들은 철학이 처한 이런 인식론적 붕괴 상황 앞에서 당황해 하면서 성급하게 철학 무용론을 주창하기도 한다. 그들은 철학이 이렇게 곤경에 빠진 것이 결국 철학 자체에 문제가 있기 때문이라 판단한다. 철학이란 본래 성립 자체가 불가능한 학문이라는 것이다. 예를 들어 철학이 근거로 하고 있는 '존재'라는 범주만 하더라도, 애초 우리 앞에 놓여 있는 것은 사물의 있음이나 '존재'가 아니라, 오래전부터 불교도들이 말해 온 바와 같이 그저 무無와 공空이거나 부정성이다. 아니면 최소한 과학도가 말하는 바를 따라 그것을 에너지나 양자 등으로 부를 수는 있겠으나, 그것조차 대표적인 특징은 불확실성이며 애매함과 모호함 자체이다. 따라서 그런 사물에 존재를 부여하는 것 자체가 무리한 작업이며 어불성설이라 보는 것이다. 존재가 해체된다면 인식도 해체된다. 인식하는 인간도 존재이기 때문이며, 인간의 인식 구조도 결국 존재에 근거하기 때문이다. 구조가 허구인데 그것이 행하는 모든 행위가 허위가 아닐 수 없다. 따라서 반대로 표현해도 마찬가지다. 즉 인식이 해체되므로 존재도 해체된다. 이제 이런 상황 앞에서 그동안 철학이 주장해 온 모든 이론과 그것에 동원되는 범주에 근거한 모든 이론은 한갓 허구이거나 아니면 오인의 도구일 따름이다.

그렇다면 우리는 철학이 무익한 것이며 불가능하다는 이러한 비판 앞에서 정말 아무런 대응도 할 수 없을까? 우리가 해야 할 일은 그저 철학을 포기하거나, 아니면 그것을 사회학이나 여타의 과학 혹은 언어학으로 대체하는 것만 남았는가?

철학이 위와 같이 심각한 위기에 처함으로 인해 우리의 삶은 곤경과 무의미의 수렁에 빠졌지만, 그 어떤 지성인들도 선뜻 대안을 제시하지 못하고 있는 것이 오늘의 현실이다. 앞서 지적한 대로 특히 최근까지 영미의 언어분석철학이 흥행했고, 프랑스의 포스트구조주의로 대변되는 일군의 학자들이 유럽에 등장한 이후 철학은 소위 포스트모던 해체주의와 연계되었다. 그리고 그 결과 철학은 단순히 논리학이나 언어학으로 대체되는 과정을 밟고 있다고 보아도 과언이 아니다. 따라서 다음과 같은 질문이 제기되곤 한다.

정말 인간이 신뢰할 수 있는 논증들은 그저 오류를 줄여 가는 논리적 과정이거나, 아니면 언어를 사용해 논증을 펼쳐 놓되 그런 주장의 결과가 그저 확률과 통계에 근거해 걸러낸 예측으로 대체된다는 것이 결론인가? 과연 이런 것들만이 철학이 할 수 있는 일의 전부인가? 그러므로 우리의 문제를 해결할 현대철학의 출현을 기대하는 것은 더 이상 무리인가?

화이트헤드의 철학은 철학이 논리학이나 언어학에 의해 대체될 수 있다는 주장에 반대한다. 그런 주장은 철학의 과제와 기능에 대한 오해에서 기인하는 것이기 때문이다. 화이트헤드에 따르면 철학의 일차적 기능은 창조적 모험이다. 따라서 오류에 의한 잘못된 결과들을 경계하기에 그것의 위험성을 간과하지 않지만, 그렇다고 철학 자체의 학문적 행위를 중단해서는 안 된다고 본다. 철학은 비록 오류의 위험성에 노출되더라도 그것을 넘어 더 큰 주장으로 나아가야 한다. 그래서 화이트헤드는 주장한다. "사상에 있어 거대한 진보가 종종 행운의 오류에 기인하는 수가 있다."[3] "오류를 놓고 두려워할 때 진보는 종말을 맞게 된다. 그렇기에 진리를 사랑하는 일은 오류를 보호하는 일인 것이다."[4] 왜냐하면 철학의 참된 기능은 창조적 충동에 기초해 보다 일반화된 사상 체계를 촉진하는 일에 나서는 데 있기 때문이다.[5]

여기서 우리는 화이트헤드가 철학의 역할에 대해 강한 확신을 가지고 있음을 보게 된다. 철학이 여전히 인간에게 가장 유용한 학문이라는 화이트헤드의 신념을 쉽게 확인할 수 있기 때문이다. 그렇다면 화이트헤드의 이런 확신은 어디에서 기인하는가? 그는 도대체 어떤 혁신적 아이디어를 가지고 있기에 오늘날 철학이 직면한 위기들을 단숨에 해결할 수 있는 듯 주장하는가?

우리는 이제 화이트헤드가 어떤 방법론을 사용해 오늘의 철학적 위기에 대한 타개책을 마련해 가는지 차근차근 보게 될 것이다. 그러나 혁신적 방법론을 가능하게 하는 타개책의 논의 과정은 긴 여정이 될 것이고, 그것에 미리 지쳐 버릴 수 있는 독자들을 향해서 핵심적 내용을 다음과 같이 미리 요약해 볼 수 있겠다.

즉 오늘의 철학이 처하고 있는 문제를 다양하게 분석해 표현해 낼 수 있을지라도, 혁신적 방법론에 근거한 오늘의 새로운 철학의 핵심은 다음과 같이 한마디로 요약될 수 있다. 철학의 중심 문제는 존재가 아니고 생성 혹은 과정이며, 또한 이에 근거해 철학은 추상이 아니라 구체적인 사실에서 출발해야만 한다는 것이다.

다시 말해 화이트헤드는 철학이 위기에 빠진 진정한 이유가 철학 자체에 있다고 보지 않는다. 또한 오늘의 철학이 무능하고 불가능한 학문처럼 보이는 것도 그것이 정말 무능하거나 불가능하기 때문이 아니다. 철학이 위기에 빠진 근본 이유는 그것이 사물을 생성이 아니라 존재로 보았기 때문이고, 우리의 사유방식이 인간의 구체적 경험에서 출발하지 않고 과도하게 추상화 작업에 의존해 왔기 때문이니 우리가 새로운 철학의 정립을 위해 그 문제를 해결하면 된다는 것이다.

이렇게 볼 때 화이트헤드가 제시하려는 대안은 그 전제에 있어서 니체나 베르그송의 생성철학과 맥을 같이하고 있으며 오늘의 들뢰즈 철학과도 맥을 같이한다. 생성과 과정이 철학의 출발점이 되어야 한다고 보는 점이나, 추상화에서 출발하지 않고 구체적 경험과 그것을 기술해 내는 것에 철학의 임무가 있다고 보는 점이 그러하다. 우선 이런 점만 개선된다면 오늘의 철학은 인간의 문제를 해결하는 데 여전히 가장 이상적인 학문이 될 수 있다는 것이다.

물론 이 경우에서조차 모든 철학적 작업은 언제나 자신의 작업능력을 과신하지 말아야 한다는 것이 화이트헤드의 견해다. 어차피 철학은 진리에 대해서 점근선적 접근밖에는 할 수 없으며, 그것이 세우는 체계마저 언제나 임시적이고 과정적이기 때문이다. 그러나 이미 말한 대로 비록 철학 자체가 때로 무리함의 한계에 의해 제한될지라도 그로 인해 철학 자체를 포기하는 것은 잘못된 일이다. 인간이 진리를 발견하고 그것에 근거해 문명을 발전시키는 데 있어서는 오류와 오인조차도 종종 유용하기에, 인간은 언제나 사유의 모험을 감행해야 한다. 따라서 화이트헤드는 우리가 새로운 방법론으로 제시된 생성과 과정의 철학에 기초한다면 인간의 철학적 작업은 다시 옛 명성을 회복될 수 있다고 본다. 그리고 이런 방법론이 적용된다면, 오늘의 철학은 존재론은 물론 형이상학조차도 다시 살려 낼 수 있다는 것이 화이트헤드의 생각이다. 존재론이 곤경에 빠지면 우리의 삶을 해석할 도구를 잃게 되며 그로 인해 우리는 삶의 활력을 소진한 채 방황하게 된다.

어떻게 살아야 할지 그 방법을 말하는 매뉴얼 자체를 잃어버리는 것과 마찬가지이기 때문이다. 그러기에 여전히 새로운 존재론이 요구된다고 하겠다.

물론 새로운 존재론은 생성과 과정이라는 구체적 사실에서 출발해 구성된 참신한 형이상학에 기초해야 한다. 기존의 방법과 일상적인 개념으로는 생성과 과정이라는 구체적 사태를 올바로 분석해 낼 수 없기 때문이다. 이러한 전제하에, 이제 화이트헤드는 전통철학이 만들었던 구식의 방법론적 전제들을 혹독하게 비판한다. 고정되지 않고 유동하는 에너지와 양자로 이루어진 세계는 결코 전통적인 철학적 용어로는 잡아낼 수 없기에 낡은 방법론부터 비판하고 넘어서고 있는 것이다. 예를 들어 물질을 고정된 알갱이 같은 단위체로 보는 것과 그것에 근거한 실체 개념을 포함해 그런 실체 개념을 문법에 적용해 탄생된 주어-술어 방식의 문장과 명제들 등등이 모두 문제가 된다. 따라서 이런 개념들은 우선적으로 극복해야 할 대상이 되어야 한다. 이들 모두는 구체적 경험이 아닌 추상화에서 비롯된 것이기 때문이다. 물론 이 말은 화이트헤드 역시 하나의 추상화 작업에서 완전히 자유로울 수 있다는 뜻은 아니다. 모든 철학은 추상화를 피할 수 없으며, 화이트헤드에 따르면 추상화를 통한 일반화는 철학이 인간에게 주는 선물 중 하나이기도 하다.[6] 그러나 화이트헤드는 생성과 과정이라는 구체적 사태로부터 출발하지 않는 추상화가 문제라고 봤으며, 이런 문제를 피하기 위해 추상화와 관련된 전통적 방법론과 그것에 근거한 개념들을 과감하게 버렸다. 새로운 방법론에 근거한 일반화 작업만이 우리로 하여금 우주를 예견하게 하고 따라서 문명의 진보를 위한 모험을 제공한다고 믿기 때문이다.[7]

요약하면 오늘의 문제를 해결할 수 있는 새로운 철학은 생성에서 출발해야 한다. 이를 화이트헤드의 표현으로 바꾸면 그것은 과정에서 출발해야 한다. 그런 한도 내에서 철학은 여전히 형이상학, 초월, 신, 주체, 동일성 등에 대해서 말할 수 있다. 물론 그런 것들에 대한 이해를 새롭게 정립하기 전에 우리는 먼저 그것들이 지니고 있었던 허위, 허구성 등을 벗겨내야만 한다. 그 모든 개념은 어떤 면에서 어전히 유효하지만 우리들의 삶에서 실제적이거나 구체적인 경험에 기초해 있지 않고 유리되어 있기 때문이다. 한마디로 그것들은 구체성에서 벗어난 파생적이고 부차적인 개념들이다. 이런 문제를 인식하면서 새로운 철학적 방법에 근거해 모험에 나서는 것이야말로 철학이 제 자리를 찾고 그 명성을 회복해 인류에 희망을 줄 수 있는 학문이 될 수 있다.

2
흐름으로서의 과정: 시간의 철학

무기력에 빠진 철학이 다시 활력을 찾아 자신의 위상을 회복하기 위해서는 인간의 구체적인 경험에서 출발하는 사유방식을 택해야 한다고 말했다. 그리고 우리는 구체적인 경험을 특징짓는 핵심 개념으로 생성과 과정을 꼽았다.

그러나 사람들은 생성과 과정이 인간 경험 중에서 가장 구체적인 사실이라고 말할 때 그 뜻을 선뜻 이해하지 못한다. 이미 말한 것처럼 사람들이 불건전한 철학을 사용해 사물에 대해 잘못된 분석과 판단을 내리는 이유도, 실제는 인간의 가장 구체적인 경험이 생성과 과정이라는 사실을 분명하게 깨닫지 못한 결과이기도 하다.

그러므로 생성과 과정이 문제 해결의 핵심에 있다는 사실을 이해해야만 철학이 다시 제자리를 찾을 수 있다. 그렇다면 생성과 과정이 인간 경험의 핵심이라는 것을 분명히 깨닫게 만드는 지름길이 있을까? 다행히 지름길은 있다. 그 지름길이란 '시간'의 개념이다.

'과정'의 중요성을 이해하는 지름길은 시간의 개념을 이해하는 데 있다. 과정철학이 하나의 시간의 철학이기 때문이다. 잘 알다시피 사전적 의미에서 볼 때 '과정process'이란 시간을 여러 단계나 국면을 따라 분할한 것이다. 특히 화이트헤드의 과정철학에서는 시간을 과거-현재-미래라는 시리즈, 즉 각기 다른 국면의 연속으로 이해하는 것을 우리가 사물을 분석할 때 적용해야만 할 가장 중요한 방법론으로 꼽는다. 앞으로 오는 후속 토론에서 우리는 과거-현재-미래라는 시간의 국면이 어떻게 서로 관계되는지, 그리고 그런 관계에 대한 이해가 인간과 세계의 분석에 어떻게 중요하게 활용되는지를 보게 될 것이다. 이렇게 시간의 철학을 이해한다는 것과 과정철학을 이해하는 것은 밀접히 연결되어 있다. 그렇다면 이제 본격적으로 시간의 철학과의 관련하에서 과정철학의 특징을 기술해 보자.

먼저 다음의 질문들을 염두에 두면서 시작하자. 시간의 특징은 무엇인가? 사물을 시간의 관점에서 바라본다는 것은 무엇을 의미하며 그것이 왜 중요할까? 시간의 철학의 특징을 알게 되면 정말 화이트헤드가 말하는바 과정철학이, 수렁에 빠져 헤매는 오늘의 철학을 다시 새롭게 부활시킬 수 있는 방법론을 알게 될 수 있을까? 어떻게 그러한가?

시간의 관점에서 사물을 볼 때 우리에게 가장 먼저 떠오르는 것은 만물유전萬物流轉, Everything flows, 즉 '모든 것은 흘러간다' 혹은 '모든 것은 유동적이다'는 사상이다. 시간의 가장 중요한 특징은 그것의 '흘러감' 혹은 '유동'이기 때문이다. 따라서 시간의 관점에서 사물을 본다는 것은 만물유전, 흘러감, 유동의 사상을 적용한다는 것과 같은 말이다.

만물유전 사상은 헤라클레이토스의 대표적인 사상으로 알려져 있다. 주지하다시피 그는 "인간은 같은 물에 두 번 발을 담글 수 없다"는 말을 남겼고 이는 세상이 멈추지 않고 흘러가고 있기에 그 어떤 것도 고정시킬 수 없다고 해석되어 왔다.

이미 고대에 주창된 만물유전 사상처럼, 시간의 관점에서 모든 사물을 판단하는 관점은 이렇게 인류에게 아주 오래된 사유전통 중 하나다. 하지만 시간의 관점에서 사물을 보아야 그 진면목을 알 수 있다는 철학이 본격적으로 대두된 것은 비교적 최근의 일이다. 니체와 베르그송으로부터 시작해 화이트헤드와 하이데거를 거쳐 들뢰즈의 현대철학에 이르러서야 비로소 우리는 세상의 모든 문제가 시간의 흐름에서 볼 때만 올바로 분석된다는 것을 알게 되었다. 흐르는 시간의 관점을 고려하지 않고 주장되는 모든 철학적 주장은 사상누각과 같이 허술하거나 근거 없는 것으로 간주된다. 그렇다면 흘러가는 시간의 관점에서 사물을 볼 때 생겨나는 철학적 특징이 도대체 무엇이기에, 그것 없이는 철학의 진면목을 볼 수 없다는 말인가?

이를 쉽게 이해하기 위해 하나의 구체적인 사례를 들어 설명해 보자. 예를 들어 동산 위에 고정된 자세로 수백 년 동안 버티고 앉아 있는 바위가 있다고 해 보자. 바위는 분명히 시간의 흐름 속에 있다. 보다 정확히 말하면 바위는 시간의 흐름과 더불어 그곳에 있어 왔다. 바위가 시간의 흐름과 더불어 있다는 사실은 그 누구도 부정할 수 없다. 물론 다르게 생각할 수도 있다. 즉 바위가 하나의 장소에 고정된 채 불변의 상태를 유지하고 있다고 볼 수도 있다. 이런 해석에서는 바위 자체가 분명히 '흘러감' 속에 있는 것으로 보이지 않는다. 바위가 어제나 오늘이나 그 자리에 꼼짝하지 않고 고정되어 있다고 볼 수도 있기 때문이다. 이렇게 바위는 고정됨의 상태에서 분석될 수도 있고 혹은 흘러감의 상태에서 분석될 수도 있다. '고정'과 '유동'은 분명히 바위가 가지고 있는 두 가지 양립하는 특성이며 두 관점 중 그 어느 것도 제외될 수 없다.

전통적으로는 바위의 유동성보다는 고정성에 초점이 맞추어졌었다. 나아가 고정성이 유동성보다 더 우위의 가치를 점해 왔다. 인간이 바위의 유동성보다 고정성에 초점을 맞춘 이유를 이해하는 것은 그리 어렵지 않다. 한마디로 말하면 인간의 사유습관과 생활습관이 바위의 고정성을 더욱 강조하게 되었다고 볼 수 있겠다. 사유란 유동적인 대상을 놓고서는 결코 성립되지 않는다. 우리가 대상을 보고 느끼고 만질 수 있으려면, 먼저 그 대상이 고정되어 있어야 한다. 이런 이유로 인간은 자신 앞에 있는 감각의 대상이 유동 속에 있다고 생각하는 것보다는 주로 그것의 고정성을 부각시켰다.

사물의 고정성은 인간의 생활습관에서도 기인한다. 고정되지 않고 유동적인 사건들은 대부분 인간의 도덕성, 법칙 등에 어긋난다. 유동적인 도덕은 변덕을 의미하며, 유동적인 법칙은 오류를 의미한다. 이런 이유로 인간의 생활습관에서 고정성은 유동성보다 언제나 우월한 가치를 지니는 것으로 판단되었다.

그러나 오늘날엔 사정이 달라졌다. 이미 언급했듯이 근대과학의 발달로 우리는 사물이 고정되어 있지 않다는 사실을 잘 알게 되었다. 미시세계에 존재하는 미립자들은 결코 고정되어 있지 않고 언제나 유동하고 있다는 사실이 밝혀졌으며 이것이 바로 양자역학의 주장이다. 사물의 특징은 항상 흘러간다는 것이다. 따라서 바위도 흘러가고 있다고 보아야 한다.

우리는 시간의 철학이 왜 중요하게 되었는지 이제 그 이유를 분명히 알 수 있게 되었다. 바위를 고정성에서 보지 않고 유동성에서 보아야 제대로 알 수 있게 되었다는 것이며, 이 사실에 근거할 때만 바위의 새로운 진면목을 들여다볼 수 있게 되었기 때문이다. 바위도 시간을 타고 있으며 시간의 국면 위에서 자신의 삶을 지속하고 있다. 우리가 바위의 일생을 과거와 현재로 나누어 보는 순간, 바위는 시간의 흐름 속에 있다는 사실을 깨닫게 되며 그런 면에서 바위의 고정성보다 유동성이 부각될 수 있게 된다.

물론 유동성을 말하는 데 있어서 바위는 가장 최악의 사례 중의 하나다. 솔직히 우리의 일상적인 삶에서는 바위의 유동성보다 고정성이 바위의 전형적인 특징으로 보이기 때문이다. 종교인들이 말하듯이, '반석과 같이 흔들리지 않는 신앙' 등을 말하는 경우가 그런 예이다. 그러나 엄밀히 말하면 그렇게 말하는 것조차 일종의 편견일 수 있다. 예를 들어 우리가 물리학자이거나 시인 혹은 화가였다면 바위의 유동성을 더욱 부각시켰을 수도 있다. 물리학자는 바위 내부의 전자들의 활동에 더욱 주목할 수 있으며, 시인이나 화가는 바위의 변질된 색깔이나 늘어난 균열 등에 관심을 두면서 그것을 인간의 삶과 연결시킬 수 있다. 이 경우 분명히 고정성보다는 유동성이 부각될 수도 있다.

'유동'의 중요성을 부각시켜 보기를 원할 때 가장 최선의 사례는 인간이다. 물론 방금 위에서 말했듯이 본래 인간은 자신의 사유습관과 생활습관으로 인해 유동성보다는 고정성에 관심을 두는 경향이 강하다. 그러나 유동성의 관점이 중요해진 오늘날, 우리가 조금만 심층적으로 보면 인간과 유동성은 매우 밀접한 관계 속에 있으며 인간의 삶에 대한 분석은 오히려 유동성과 관련될 때 보다 풍부하게 이해될 수 있다는 것을 알게 된다.

모든 것은 흐른다는 명제를 인간에게 직접 적용해 보자. 흐름 속에 있다는 말은 고정되어 있지 않다는 말이기 때문에 시시각각 변화한다는 말로 바꿀 수 있으며, 인간의 주체성은 분명히 고정되어 있지 않고 흘러가고 있다. 즉 유치원에 다니던 나의 주체와 대학생이 된 나의 주체는 매우 다르다. 예를 들어 현재 내가 대학생이라 할 때, 나에게는 과거 유치원 시절에는 없었던 신체적 특징이 존재한다. 당장 키와 몸무게가 다르지 않은가? 물론 비록 키와 몸무게는 다르지만 여전히 한 사람의 주체는 불변한 채 고정되어 있다고 강변할 수도 있다. 하지만 나는 유치원 시절에 일어났던 모든 일들을 기억하지 못하며, 특히 두뇌에 어떤 이상이라도 생겼다면 현재의 내 주체는 과거의 주체와 현저하게 다를 것이다. 이렇게 하나의 인간은 유동하며 고정되어 있지 않다. 그러므로 인간의 주체도 고정되어 있지 않다. 인간의 주체는 유동 속에 있으며 그것은 바뀐다.

그러나 이렇게 말하는 것이 뭔가 중대한 문제를 일으키지 않을까? 인간의 주체가 바뀌며 유동적이라는 것은 소위 인간의 '정체성'과 관련된 문제다. 정체성이 바뀐다면 여러 문제가 발생하지 않을까? 그렇다. 정체성이 바뀐다는 사실은 인간에게 매우 중요한 문제를 일으킨다. 앞으로 이와 관련된 철학적 문제들은 밑에서 수차례 언급될 것이기에 여기서는 일단 유동의 철학이 시간의 철학의 한 관점으로 인간에게 얼마나 중요한가 하는 것을 알게 되었다는 점만 확인하도록 하자.

이렇게 보면 만물유전의 사상, 시간의 철학 그리고 과정의 철학이 중요한 이유는 바로 인간 때문이다. 우리가 철학하는 이유도 바로 우리에게 인간의 문제가 제일 중요하기 때문이다. 바위도 시간을 타고 있고 시간 안에서 살아가고 있지만, 스스로는 시간에 대해서 무지하다. 바위는 자신의 삶을 시간의 관점에서 바라볼 능력을 갖고 있지 못하다. 그러나 인간은 다르다. 인간은 자신이 흘러가고 있으며, 시간 속에 있고, 시간과 더불어 살아가고 있다는 사실을 알고 있는 지구상의 유일한 존재다. 그리고 바로 이런 사실이 우리로 하여금 결국 인간의 문제가 시간의 문제라는 사실을 알게 하며, 나아가 새로운 철학을 세우는 데도 관건은 시간의 철학을 어떻게 새롭게 활용하느냐라는 문제라는 것을 알게 한다.

이렇게 시간의 철학은 중요하지만, 그것을 이해하고 토론하기는 그리 쉽지 않다. 시간 역시 유동하는 것이기 때문에 사유의 대상으로는 그리 적합하지 않은 철학적 항목이기 때문이다. 하지만 이미 말한 것처럼 과정철학의 특징을 깨닫는 것은 시간의 철학의 특징들을 아는 것과 밀접하게 연결되어 있으므로 이하에서는 최소한 하나의 문제만이라도 다루어 보자.

시간의 철학에서 사물을 보는 과정철학은 시간을 특히 과거-현재-미래라는 측면 혹은 국면으로서 나누어 보는 특징을 지닌다고 앞에서 언급했다. 그러나 여기에서 우리가 오해하지 말아야 할 중요한 사항이 있다. 시간의 철학으로서의 과정철학이 시간을 과거-현재-미래라는 국면으로 나누어 본다고 말했을 때, 그 말은 시간의 국면들이 각기 분리되어 불연속적이라는 것으로 들릴 수 있다. 시간을 국면으로 분할하여 과거, 현재, 미래라는 각각으로 나눈다는 사실을 강조하면 일견 그렇게 보일 수 있다.

그러나 엄밀히 말하면 그렇게 나누어진 국면들은 우리의 사유가 전제하고 있는 것이지, 실제로 시간이 분할된 것은 아니다. 이것이 바로 화이트헤드의 과정철학이 강조하는 중요 사항 중 하나다. 즉 시간의 특징은 언제나 지속이 우선이지 분할이 아니라는 것이다. 여기에서 우리가 더 중요하게 생각해야만 하는 사항이 있다. 위에서 말했듯이 시간이 분할되어 있다고 전제하지 않을 수 없는 이유는 인간 사유의 특징이 그러하기 때문이다. 그런데 이 점에서 화이트헤드의 주장은 우리를 혼동시킨다. 앞에서 시간은 분명히 유동하는 것이며, 그것을 깨닫는 것이 과정철학의 핵심이라 지적했다. 나아가 화이트헤드의 과정철학이 현대 철학의 온갖 문제를 해결하는 데 일조할 수 있는 이유도 바로 그것이 유동하는 시간을 강조하는 철학이기 때문이라고 말한 바 있다. 그러나 유동과 분할은 상호 모순되지 않는가? 유동하는 것과 흐르는 것은 연속의 특징을 갖는다. 그러나 분할은 불연속과 단절의 특징을 갖는다. 그렇기에 양자는 상호 모순적으로 보인다. 그렇다면 화이트헤드가 주장하는바, 흐르면서 연속하는 시간, 즉 지속은 무엇이며 분할된 시간은 또 무엇인가? 시간을 이해하는 데 있어정말 중요한 것은 지속인가 분할인가? 한마디로 시간은 지속되는가 아니면 분할되는가?

본래 시간의 유동성에 천착한 후, 시간이 지속이라는 사실을 강조해서 유명해진 철학자는 베르그송이었다. 그에 따르면 시간을 분할해서 나누는 것은 시간을 공간화하는 행위다. 그리고 이렇게 시간을 공간화하는 인간의 습성이 철학 안에온갖 실수와 오류를 불러들인 주범이다. 따라서 베르그송에게 새로운 철학, 소위 생성과 시간의 철학은 지속의 철학이 되어야 하며, 그것을 중심으로 모든 철학적 분석이 수행되어야했다.

화이트헤드는 베르그송이 강조하듯이 시간의 공간화가 가진 문제점을 잘 알고 있었다. 따라서 화이트헤드는 시간의 우선적인 특징이 지속이라는 것에 일차적으로 동의한다. 우리는 앞에서 상대성이론과 양자역학으로 대변되는 오늘의 과학이 모든 사물을 덩어리요 양자로 본다고 말했다. 시간 역시 마찬가지다. 화이트헤드에 따르면 시간에는 폭이 있다. 어떤 면에서 볼 때 시간은 분명히 앞뒤로 명쾌하게 나누어지지 않는다. 따라서 우리는 시간이 지속하는 측면을 일정 부분 인정해야만 한다. 나아가 화이트헤드는 베르그송과 더불어 절대적인 시간 개념에는 반대한다. 여기서 절대적인 시간이란 쉽게 말하면 시간이 불변하는 가운데 절대적으로 있다는 말이고, 자연은 그런 절대적 시간 안에서 흐름을 탄다는 말이다. 자연 속에 시간이 있는 것이 아니라 시간 속에 자연이 있고, 시간이 자연과 인간에 좌우되는 것이 아니라 자연과 인간이 시간에 좌우된다는 것이 절대적 시간관이다. 이런 절대적 시간론은 우리가 잘 아는바, 뉴턴의 시간관이며 이것이 근대를 지배했고 현재까지도 적지 않은 영향력을 행사하고 있다. 하지만 상대성의 시간론이 지배하는 새로운 세상에서 화이트헤드 같은 현대철학자들은 뉴턴의 절대시간 개념을 비판하지 않을 수 없다. 이런 점에서 베르그송과 화이트헤드는 같은 노선에 있다.

하지만 화이트헤드는 시간을 순수하게 지속의 입장에서만

보는 베르그송에게 분명히 반대했다. 시간에는 지속하는 측면이 있지만, 그렇다고 해서 그것은 전혀 분할이 불가능한 지속은 아니다. 왜냐하면 시간을 분할할 수 있는 것은 인간의 사유가 가지고 있는 고유한 특성이기 때문이다. 그러나 뉴턴의 경우처럼 시간을 절대화한 나머지 모든 시간을 순간으로 나누고, 다시 그 순간이 절대적으로 고정되어 있다고 보는 관점은 잘못된 것이다. 또한 다른 한편으로 베르그송처럼 시간이 무조건 순수한 지속으로 존재하면서 전혀 나누어질 수 없다고 보는 것도 하나의 극단적 입장이다.

화이트헤드의 시간론과 베르그송의 시간론을 명쾌하게 대조하는 작업은 전문적인 철학의 영역이기에 여기서는 더 이상 다루지 않겠다. 단지 화이트헤드가 뉴턴의 절대시간에 대해서 반대한 이유와 다른 한편으로 베르그송에 대해서도 반대한 이유만 알게 되면 충분하기 때문이다. 화이트헤드가 뉴턴에게 반대하는 이유는 그것이 시간을 절대화하기 때문이다. 시간의 절대화는 시간을 순간으로 나누면서 그 순간과 순간을 절대적으로 분할하고 고정시킨다. 이는 화이트헤드가 말하는바, 단순정위simple location의 오류다.[8] 이미 바위와 인간의 사례를 유동의 철학의 관점에서 설명하면서 여러 차례 지적한 대로 철학의 모든 문제는 하나의 사물이 단순하고 정확한 위치를 점유하면서 고정되어 있다고 볼 때 발생한다. 그러나 베르그송처럼 시간을 무조건 순수지속으로 보는 것도 문제를 일으킨다. 만일 시간이 우리의 사유로도 분할이 불가능할 정도로 순수지속이라면 우리는 합리적인 사고를 할 수 없게 될 것이다.[9] 우선 시간을 과거와 현재로 엄격하게 구분하는 것부터 불가능하게 될 것이다. 그런 사유방식은 잘못하면 원인과 결과의 관계를 말하는 인과율의 법칙도 부정할 수 있을 것이다. 이렇게 되면 우리는 자연의 법칙 자체를 불합리한 것으로 취급하게 될 것이다. 화이트헤드는 베르그송이 위대한 시간의 철학자요 생성의 철학자라는 점을 인정했지만, 동시에 그를 반주지주의자라고 비판했다. 만일 우리가 베르그송을 철저하게 따라간다면, 엄밀히 말해 합리주의적 철학을 포기해야 할 수도 있기 때문이다. 우리의 지성이 가지고 있는 분할의 능력은 시간을 원자와 같이 분리된 것으로 보게 만들며, 그런 사유능력이 세상을 합리적으로 이해하게 만든다는 것이 화이트헤드의 입장이다. 화이트헤드에 따르면 비록 시간이 원자처럼 본래 분할되어 존재하는 것은 아니지만 시간은 생성하는 가운데 원자화를 겪는다. 즉 원자적으로 분할된 시간이 먼저 존재하고 그것에서 생성이 나오는 것은 아니다. 생성이 먼저 존재하고 그것에서 원자적인 시간이 출현한다.[10] 이런 이론을 근거로 인간이 합리적인 사유를 통해서 세계를 이해할 수 있는 것은 물론 과학도 발전시키고 문명도 일으킬 수 있는 것은 말할 필요도 없다.

정리해 보자. 화이트헤드에게 사물은 유동한다. 그런데 유동의 특징을 가장 잘 나타내는 것이 시간 개념이기에, 사물을 분석할 때 시간의 철학을 적용하는 것은 매우 중요하다. 그러나 비록 시간의 특징이 유동일지라도, 그것을 반드시 순수한 지속의 입장에서만 보면 여러 문제를 일으킨다. 따라서 시간을 지속으로 보는 것도 중요하지만, 동시에 그것을 패턴을 따라 구분하는 것이 중요하다. 즉 지속으로서의 시간과 패턴으로서의 시간을 구분하자는 것이다. 전자는 사물의 연속성과 관계성을 강조하고 후자는 사물의 개체성과 독립성을 강조하기 때문이다. 화이트헤드에게 이런 시간의 두 가지 측면은 모두 중요하다. 그러나 전통철학은 분할된 시간으로서의 순간만을 중요하게 여기거나 반대로 시간의 절대성만을 강조했기에 문제가 많았다. 따라서 철학의 변혁이 요구되는 오늘날은 그것을 넘어서는 생성적 사유를 회복해야 한다는 것이 화이트헤드의 주장이다.

3

생성과 소멸로서의 과정: 실체와 주체를 넘어서

우리는 앞에서 과정의 개념을 시간의 철학을 통해 이해하면서, 그 개념이 중요시하는 만물유전의 사상에 대해서 논했다. 그리고 이러한 사유방식이 인간을 고정성보다는 유동성에 집중하도록 만들었다는 점도 지적했다. 그런데 이러한 사유방식은 철학사 내에서 매우 혁신적 의미를 만들어 낸다. 이로 인해 과정철학으로 하여금 아주 새로운 철학을 인류에게 소개하도록 만들었다.

우선 모든 것이 흐른다는 '시간의 철학'의 관점에서 보면 그 어떤 것도 영원하지 않다. 시간의 중요한 속성은 흐른다는 것인데, 모든 흐르는 것은 고정되지 않으므로 그 관점에서 보면 모든 것은 덧없으며 변화한다. 작은 미생물로부터 인간, 그리고 그런 인간의 사회와 우주는 물론 심지어 신God도 변한다. 하물며 절대자인 신도 변하는데 세상에 절대적인 것은 없다. 시간은 물론 공간도 절대적이지 않고 상대적이다. 이것이 바로 하이젠베르크의 양자역학과 아인슈타인의 상대성이론이 발견하고 확인한 사실이 아니었던가.

시간의 철학은 이미 앞에서 부분적으로 다룬 바대로, 급기야 인간이 소유한 주체성의 문제에까지 적용되었다. 인간에게 고유하고 영원한 주체성이란 존재하지 않는다. 주체란 시시각각 흐르면서 변화하는 것으로 판단되기 때문이다. 따라서 인간에게 동일한 정체성이란 없다. 누구든 어제와 오늘의 정체성이 다르고, 오늘과 내일의 정체성이 다르다. 시간을 통과하면서 흐르는 인간이 동일한 정체성을 계속 유지할 수 있다고 생각하는 것은 착각이다. 현대철학이 인류에게 가지고 온 가장 혁명적이고 도발적인 메시지는 바로 이것이다. 인간의 주체성, 특히 동일한 정체성에 근거한 주체성을 말하는 것이 철학적으로 불가능한 시대에 우리가 살고 있다는 것이다. 우리는 이를 짧게 (주체적) 동일성identity의 붕괴라고 일컫는다. 잘 아는 대로 이것이 바로 현대철학의 핵심적 주장이며 결론이다. 그렇다면 과정사상이 동일성을 부정하게 된 것이 전통철학을 극복하는 데 어떤 공헌을 남겼는지 좀 더 구체적으로 살펴보자.

과정사상이 지적하는 전통철학의 첫 번째 난점은 실재reality를 실체substance로 착각하는 입장이다. 잘 알다시피 서양철학의 뿌리인 그리스철학자들은 언제나 실재를 추구하는 것을 학문적 과제로 삼았다. 그들은 우주의 근원이 무엇인지 파악하려 노력하면서 그것의 핵심이 되는 아르케arche(근원적 요소)를 찾았다. 플라톤과 아리스토텔레스에 이르렀을 때 아르케적 실재는 형상, 실체, 본질로 명명되기에 이른다.

화이트헤드는 사실 실재를 추구하고 그런 방법으로 사유하는 그리스적 전통을 매우 중요하게 생각한다. 이런 전통은 화이트헤드의 저작 중 가장 중요한 것으로 알려진 저서의 제목에도 반영된다. 그의 저서 『과정과 실재』에서 암시되는 것처럼 과정process이 곧 실재reality이다. 과정이 우주의 근원적 요소이며 그것을 통해 우리는 삼라만상의 비밀을 알 수 있고 그 본질을 추구할 수 있다. 그런데 과정의 개념을 적용했을 때 가장 먼저 붕괴된 전통적 사유는 실체 개념이다. 즉 화이트헤드에게 과정이란 우선 실체의 반대말이다. 우리는 앞에서 아리스토텔레스도 화이트헤드처럼 '실재'를 추구했으며, 그에게 실재란 '실체'였다는 사실을 확인한 바 있다. 그런데 화이트헤드가 그것을 뒤집은 것이다. 그렇다면 도대체 화이트헤드의 과정철학은 무슨 이유로 실체 개념을 비판하는가?

'실체'란 단어에 대해 모르는 사람은 없다. 사전적으로 실체란 본질, 핵심, 중요한 내용 등의 뜻을 갖는다. 화이트헤드의 과정철학에서도 실체란 용어는 본질이나 핵심의 뜻을 갖는다는 점에서 일반적인 이해와 크게 다르지 않다. 하지만 과정철학에서 실체는 시간의 흐름 속에서도 '불변'하는 어떤 것을 지칭하는 개념이라는 점이 강조된다. 실체는 본래 영어에서 'substance'의 번역인데, 어원적으로 밑에sub 자리 잡고 있는 것stance을 말한다. 그런데 실체가 바로 이렇게 '밑에 자리 잡고 있는 것'이라는 사실 때문에 문제시되는 것이다.

사전적으로 볼 때 실체란 '본질적인 것,' '핵심,' '중핵,' '중요한 내용' 등을 가리키는데 그런 모든 것들의 공통점은 불변한다는 것이다. 그러하기에 실체는 과정에 반대된다고 말한 것이다. 왜냐하면 그 어원에서 보듯이, 실체가 가지고 있는 특징은 그것이 과정을 통과하면서도 여전히 그 과정들의 밑에 고정적으로 자리 잡고서 '불변'하는 근본적인 것으로 여겨진다는 사실 때문이다.

과정은 시간을 흐름 속에서 보며 분할 가능하다고 보기도 하기 때문에 사물을 다자로 보게 만든다. 하지만 실체는 다자가 되지 않고 언제나 일자로 버티면서 존속한다. 실체 속에서는 진정한 차이나 새것이 발생하지 않는다. 언제나 불변의 일자이기 때문이다. 이를 보다 구체적으로 이해하기 위해 실례를 들어 설명해 보자. '김철수'라는 익명의 한 가상의 인간이 있다고 할 때, 이 인물은 그가 가지고 있는 정체성으로 인해 김철수가 된다. 그리고 그 정체성은 동일성이 규정한다. 즉 주민등록증에 나와 있는 사진을 비롯해, 생년월일 등이 김철수의 정체성, 동일성을 규정하고 그것이 그의 실체로 간주된다. 영어권의 나라에서는 주민등록증이나 운전면허증을 'ID'라고 일컫는다. 이때 'ID'는 'Identification'의 준말이며 문자적으로 '동일성을 확인하기'라는 뜻이라서 '신원 파악'이라는 의미도 된다. 예를 들어 동사무소나 은행에서 한 사람의 신원을 파악할 때, 해당 인물이 사진 속의 인물과 동일한 사람인지 확인하게 되는 데 이때 사용되는 것이 'ID'이다. 한 사람의 정체성을 동일함으로 규정하기에 'identity'는 '정체성'이나 '신원'으로 번역하기도 하지만 철학적으로는 동일성이라 번역하는 것이다. 하지만 한 인물의 정체성을 구성하는 사건과 과정들은 실제로 매우 많다. 너무 많아서 그 모든 사건을 헤아려서 동일성을 구하기는 거의 불가능하다.

다시 '김철수'의 예를 들어 보자. 어느 사건과 과정이 김철수의 실체이며 정체성인가? 주민등록증의 사진은 김철수의 현재 모습을 대표하는 것이 사실이지만 실제로 그 모습은 포토샵photoshop으로 보정되었을 수도 있다. 만일 대기업 CEO의 비서로 입사하기 위해 면접시험을 앞둔 여성이 사진관의 사진사에게 턱을 갸름하게 보이도록 보정해 달라고 말하거나, 기미를 없애 피부톤을 보다 빛나게 해달라고 주문했다고 치자. 이때 보정작업이 끝난 후 그녀가 면접관에게 제출하는 사진은 실제 인물과 매우 다를 것이다. 하지만 우리는 그녀를 비판하지 않는다. 대부분의 경우 사람들은 그녀의 경우와 비슷한 상황 속에 있기 때문이다. 이미 말한 대로 주민등록증에 나타난 사진 속 인물의 경우, 그 사람이 5년 전에 찍었던 사진이 그대로 유지되고 있다면 그 사진의 인물과 현재의 인물 사이에는 작지 않은 차이가 존재한다. 깊어진 주름이나 혹은 최근 당했던 자동차 사고로 인해 생긴 상처의 흔적은 그 인물의 실체를 5년 전과 다르게 만들었을 터인데 사진에는 그것이 반영되지 않았기 때문이다. 하지만 주민등록증을 확인하는 동사무소의 직원이나 은행의 직원은 그런 '실체적' 차이를 간과하기 일쑤이다. 즉 현실의 인물을 5년 전과 동일한 인물이라고 가정하는 것이다. 이렇게 주민등록증이나 운전면허증의 사진과 실체로서의 인물 사이에는 작지 않은 차이가 있으며, 엄밀히 말해서 양자 사이에 동일성은 존재하지 않는다.

왜 과정철학이 실체 개념을 그토록 비판하는지, 이젠 그 이유가 분명해졌을 것이다. 한 명의 인간이나 혹은 하나의 사건을 규정하기 위해 그 정체성과 동일성에 대해서 질문할 때, 우리는 사실 그 인간이나 사건을 구성하고 있는 과정들은 무시하고 대개 실체에 대해서 먼저 생각한다. 위에서 언급한 김철수라는 인물의 경우처럼, 현재 그는 5년 전과 매우 다른 정체성을 가진 인물임에도 불구하고 우리는 그의 실체와 동일성이 그대로 유지되고 있는 것처럼 믿는다. 그런 우리의 믿음이 실제로는 매우 근거 없는 행위라는 것을 잘 알고 있음에도 불구하고 말이다.

물론 과정철학이 모든 실체 개념에 무조건 반대하는 것은 아니다. 김철수라는 인물이 시시각각으로 변하고 있기에 그의 실체를 상정하기 어렵고, 따라서 그의 정체성을 확인하는 것도 불가능하지만, 그래도 대부분의 경우 주민등록증은 그대로 통용된다. 이와 마찬가지로 상식적인 차원에서는 과정철학도 실체와 동일성의 존재에 대해 가정하고 받아들인다. 그러나 과정철학에서는 그것들을 받아들일 때 단지 가정적으로 받아들이는 것이다. 실체와 동일성이 참으로 확실히 확보되었기에 받아들이는 것이 아니라는 말이다. 따라서 우리가 여기에서 주의해야 할 일이 무엇인지 드러난다. 가장 주의해야 할 것은 실체와 동일성이 실재한다고 믿거나 혹은 그것이 불변한다고 믿는 것이다.

이미 보았듯이 실체는 사실 과정의 산물이지 그 반대가 아니다. 동일성도 마찬가지다. 차이들과 그것을 무시한 상태에서 동일성은 존재할 수 없다. 그러기에 동일성은 차이의 산물이지 그 역이 아니다. 하지만 철학사에는 물론 일상생활 속에서조차 우리는 과정보다 실체가 우선적인 것이라고 믿어 왔다. 실체가 먼저 있고 과정은 실체의 부수적 성질들이라고 상정해 왔으며, 심지어 실체는 과정과 달리 불변하며 고정적이라고 믿어 왔던 것이다.

그러나 화이트헤드의 과정철학에 따르면, 오히려 과정이 먼저 있고 실체는 과정으로부터 부수적으로 추상된 개념이다. 다시 '김철수'의 예를 들어 설명해 보자. 한 명의 인간으로서 김철수는 어머니의 자궁에서 수정란으로 존재할 때 수정란이라 불리는 하나의 과정으로 존재한다. 아직은 김철수라는 인간의 온전한 정체성이 확보되지 못한 하나의 과정에 불과하다. 김철수라는 인간의 실체는 그가 유치원을 나왔을 때, 대학을 졸업했을 때, 군대를 다녀와 직장인이 되었을 때 등의 모든 과정들을 하나로 모아 가정한 것이다. 그런 다자적인 사건들, 즉 과정과 과정들을 통일하는 하나, 즉 일자가 있다고 가정하면서 김철수라는 실체를 믿는 것이다. 하지만 엄밀히 말해 그런 불변의 일자는 없다. 단지 과정들, 그런 과정적 다자만이 있을 뿐이고 실체는 그런 과정들을 기반으로 가정적으로 추상된 것이다. 김철수의 예와 마찬가지로 우리는 여기서 우리의 삶이나 정체성도 불변하는 실체가 아님을 알 수 있다.

물론 인간에만 이런 사실이 적용되는 것은 아니다. 모든 사물과 사건은 과정으로 이루어져 있다. 전자electron와 같은 미립자는 물론 인간의 사회, 자연, 우주, 신 등 그 모든 것은 과정으로 이루어져 있다. 이제 우리는 실체가 아니라 과정이 모든 존재와 사건을 이해하는 핵심요건이라는 것을 이해할 수 있게 되었다.

여기서 다시 한 번 확인하여야 할 중요한 사항이 있다. 실체보다 과정을 우선시한다고 말한 것은 분명히 실체라는 개념이 지닌 모든 중요한 의미를 부정한 것이 아니다. 즉 화이트헤드가 실체에 대한 전통적 개념을 비판하고 그것을 추상의 산물이라고 말한 것은 사실이지만, 그 의미가 갖는 중요성을 송두리째 부정한 것은 아니다. 만일 실체가 구체로 오인되고, 따라서 그것으로 인해 실체를 우선적인 실재로 간주한다면 그것을 부정한다는 뜻이다.

이는 우리를 과정사상의 또 다른 중요한 특징으로 안내한다. 즉 앞에서 시간의 문제를 다룰 때도 언급되었지만 과정사상이 언제나 균형적 시각을 강조한다는 점이다. 시간의 철학에 기초해 흐름이 고정보다 우선시되고, 그로 인해 실체보다 과정을 중시하게 될 때 사람들은 과정철학이 사물의 정체성을 어떻게 강조할 수 있을지 관심을 갖게 된다. 다시 말해서 과정철학이 유동과 과정을 강조하면서 정체성, 동일성, 주체성 등의 전통적 개념들을 비판하는 것은 이해하겠는데, 도대체 과정철학이 사물의 개별성이나 독립성에 대해서 말할 수는 있을까 하는 질문이 제기될 수 있기 때문이다. 이 문제는 2장에서 상세하게 다루어질 것이다.

그러나 결론부터 말하면 과정철학은 실체보다 과정을 우위에 놓는 것이 사실이지만, 결코 실체와 과정 중 하나만을 선택하면서 다른 하나를 무시하지 않는다. 과정철학은 언제나 그들을 함께 구제하는 철학적 방법론을 가지고 있기 때문이다. 다시 말해서 과정철학의 새로운 철학적 방법론에서는 언제나 실체 개념이 혹독하게 비판되지만, 여전히 그 개념이 갖는 중요한 의미로서의 '주체성,' '동일성' 등이 구제된다는 말이다.

나아가 과정철학은 결코 유동성의 철학을 강조하고 소멸을 말하면서 자칫 생성을 놓치게 되는 우를 범하지도 않는다. 생성과 소멸은 함께 중요시되어야 하는 것이기 때문이다. 따라서 과정철학에서는 생성-소멸이 함께 쌍으로 과정 내에 존재한다고 말할 수 있으며, 혹은 과정의 한 측면이 생성이고 과정의 다른 측면이 소멸이라고 볼 수도 있다. 이것이 이른바 화이트헤드가 말하는 합생concrescense과 이행transition의 원칙이다. 이 역시 2장에서 자세히 다루어질 것이다.

4

느낌으로서의 과정: 합리적 경험주의

화이트헤드의 과정철학에 따르면 과정을 중시하는 입장은 인간의 경험과 인식의 문제를 다룰 때도 전통적 입장과는 차별된 입장을 견지한다. 전통적인 철학은 물론 근대의 철학도 인간의 경험과 인식을 너무 좁고 편협한 방식으로 이해했으며 이로 인해 인간의 경험과 인식은 왜곡되었다. 현대철학이 위기와 곤경에 처한 것도 이러한 잘못된 방식에서 기인한다고 할 수 있다. 위기와 곤경에 빠진 오늘의 철학에 과정철학이 하나의 대안이 될 수 있는 이유는 바로 경험과 인식에 대해 새로운 이해방식을 제공하기 때문이다. 그리고 새로운 방식은 경험을 생성과 과정의 관점에서 분석할 때 가능하다. 이를 위해서는 먼저 주체 중심에서 대상 (혹은 객체) 중심으로의 전환이 필요하다. 이것이 화이트헤드 주장의 요체다.

화이트헤드의 관점에서 보면 인식과 경험을 주체 중심으로 해석한 전형적인 예가 관념론이다. 관념론자에게 경험이란 무엇인가? 그들에게 경험이란 인식 이전에 주체가 느끼는 과정 전체를 말한다. 그런데 관념론자들은 인간의 경험을 소중히 여기면서도 사물에 대한 분석을 위해서는 관념이 그 무엇보다 중요하다고 주장한다. 예를 들어 설명해 보자.

투명한 유리컵 안에 노란색 빨대라는 대상이 있다고 치자. 관념론자에 따르면 (그 대상을 인식하기 위해서는 유리라는 관념은 물론) 컵, 노랑, 빨대 모양 등의 관념이 우리 안에 있어야 대상 인식이 가능하다고 한다. 대상에 대한 인식은 그런 관념 없이 불가능하기 때문이다. 예를 들어 아주 영특한 강아지가 있다고 치자. 강아지는 아무리 똑똑하더라도 유리컵 안의 빨대를 인식하지 못한다. 비록 강아지도 그것을 경험할 수는 있지만 말이다. 여기서 경험보다 인식이 중요하다는 것을 입증하기 위해서 관념론자들은 숫자와 같은 개념들을 동원하면서 자신들의 주장을 뒷받침하려 한다. 그들에 따르면 강아지는 컵과 빨대는 경험할 수 있고 나름대로 인식도 하지만 결코 수학을 인식할 수 없다. 물론 숫자가 반영된 여러 사물들을 경험할 수 있지만 숫자라는 관념을 아는 것은 불가능하다. 이것이 바로 관념론자들이 인식에서 관념이 중요하다고 주장하고, 혹은 관념을 가능하게 하는 인식과정이 경험과정보다 더 중요하고 우선한다고 주장하는 이유다.

화이트헤드에 따르면 이런 관념론적 이해가 바로 전형적인 인간 중심, 주체 중심의 사고이다. 이것이 주체 중심의 사고이자 인간 중심적 사고인 이유는 방금 우리가 언급한 경험의 과정을 면밀히 들여다보면 쉽게 확인할 수 있다. 관념을 가지고 인식하는 인간의 주체에겐 경험과정이 전제되어 있었다. 즉 유리, 컵, 노랑, 빨대 모양 등 인간이 가지고 있는 관념은 그것들을 느끼는 경험과정 없이는 불가능했기 때문이다. 로크John Locke와 같은 경험주의자들이 관념론에 반대하는 이유는 바로 이런 분석에 근거한다. 경험이 전제되지 않는다면 관념이 불가능했기 때문이다. 그러나 화이트헤드에 따르면 로크와 같은 경험주의자들도 엄밀히 말하면 관념론자와 동일한 오류에 빠져 있다. 왜냐하면 그들 역시 주체 중심의 사고에서 완전히 벗어나지 못했기 때문이다. 경험주의자들이 관념보다 감각경험이 전제됨을 중시하더라도 그들 역시 경험에서 가장 중요한 것은 감각하는 주체의 주관적 능력이라는 주장과는 차이가 없기 때문이다.

관념론자이건 경험론자이건 근대철학의 잘못은 이런 '주관주의' 중심적 사고에 있다. 화이트헤드의 과정철학에 따르면 이런 주체 중심의 주관주의적 사고는 올바른 경험 분석을 제공할 수 없다. 왜냐하면 그런 사고는 경험이 복합적이란 사실을 간과하기 때문이다. 이미 말한 대로 경험은 과정으로 이루어져 있는데, 이 과정에는 주체의 인식과정뿐만 아니라 대상으로부터 오는 수많은 과정들이 복합되어 있다. 유리컵의 빨대를 경험하는 과정만 하더라도 이미 열거된 관념들 앞에 인간의 눈, 코, 귀와 같은 감각기관이 놓여 있으며 이런 감각기관 앞에는 감각 자료들, 예를 들어 유리컵의 빨대에서 전달된 '노랑' 색을 띤 분자들의 행렬과 그것을 실어 나르는 햇빛이 전제되어 있다. 물론 그런 자료들 앞에는 유리컵과 빨대가 있으며 그들이 위치하고 있는 테이블과 테이블이 놓인 방도 있으며 이 외에도 열거하자면 끝이 없다. 여기서 우리는 유리컵과 빨대 없이 노란색 분자의 행차가 시작되지 못했을 것이며, 나아가 빛 없이는 그것이 불가능했을 것이라는 점을 알 수 있다. 이는 인간의 관념이 작동하기 이전에 수많은 여건들이 전제되어 있었다는 말이다. 한마디로 주체와 그 주체의 인식활동 이전에 경험이 있었고 그 경험 이전에 대상은 물론 그 대상에게서 전달된 다양한 여건data들이 있었다.[11] 주체 중심의 주관주의적 사고가 왜곡을 일으키는 이유는 이런 다양한 여건 중에서 인간의 인식에 중요하다고 느껴지는 여건, 즉 관념이나 감각경험 등만을 중시하기 때문이다. 화이트헤드는 경험에 대해서 말할 때 이렇게 다양한 여건을 반영하지 않고 단지 당장 뚜렷하고 확실하게 느껴지는 몇 가지 여건만으로 경험과 인식과정을 단순화한 것을 비판한 것이다. 화이트헤드는 단순화를 추상화라고 하며, 추상화로 인해 생겨나는 오류를 '잘못 놓인 구체성의 오류the fallacy of misplaced concreteness'라고 명명하기도 한다.[12] 인간의 경험과정에는 다양한 여건이 반영되어 있으므로 그 모두를 반영해야 진정으로 구체적이며 그것에서 나온 인식만이 참이다. 그러나 이와 달리 여러 경험 중 단지 부분적인 것만을 추출해 표상한 다음 그것을 구체적인 것으로 알고 있다면 그것은 '잘못 놓인 구체성의 오류'를 범하는 것이다. 즉 그곳에 반영된 것은 추상이지 구체가 아니라는 말이다.

이미 언급한 실체 개념이나 주체 개념은 물론, 대부분의 철학적 개념들도 이렇게 보면 추상화의 산물이며 '잘못 놓인 구체성의 오류'를 범하는 경우가 많다. 예를 들어 '존재'가 바로 그런 경우다. 존재란 사실 생성과 과정, 유동을 겪는 수많은 여건 중에서 단지 고정되어 있기에 그곳에 있는 것처럼 보이는 표상을 가리키며 그것을 명명한 것 아니겠는가? 그것은 분명히 추상화의 산물이기에, 어떻게 보면 진정한 의미의 구체적 실재가 아니다.

물론 여기서 화이트헤드가 추상화에 대해 비판할 때 오해하지 말아야 할 것이 있다. 화이트헤드는 추상화 자체를 나무라는 것도 아니며, 과정철학에서는 결코 그 가치를 폄하하지도 않는다. 단지 추상화에 집착한 나머지, 구체적 경험이 반영되지 않은 채 부분적으로 추출된 것을 진정한 구체성인 것으로 착각하는 오류에 대해 비판하고 있는 것이다. 실제로 화이트헤드는 추상화, 특히 추상화에 입각한 일반관념의 중요성에 대해 항상 강조하기도 했다. 그것 없이는 인간의 상상력이 제한될 수밖에 없으며, 문명을 일으키기 위한 관념의 모험도 제약받게 된다고 보았던 것이다.

화이트헤드가 철저한 경험주의자이면서도 잊지 않고 관념의 중요성을 강조하는 이유는 바로 이런 배경에서다. 화이트헤드의 철학을 합리적 경험주의라 부를 수 있는 이유도 바로 여기에 있다. 화이트헤드의 철학은 언제나 균형적이고 비이원론적이다. 불이不二의 논리를 강조하는 불교도들이 화이트헤드를 좋아하는 것도 이런 점 때문이다.

여기서 또 한 가지 오해하지 말아야 할 중요한 사항이 있다. 그것은 주체에 관한 것이다. 즉 주체 중심의 사고를 비판하는 화이트헤드가 주체의 모든 역할을 송두리째 부인한다

는 생각은 잘못된 판단이다. 이미 철저한 경험주의자인 화이
트헤드가 부분적으로 주관주의자라는 사실을 말할 때 드러났
지만, 화이트헤드는 결코 주체의 역할을 무시하지 않는다. 그
가 비판하려는 것은 단지 대상으로부터 오는 역할을 무시하
는 주체 중심의 '주관주의적' 사고이다. 따라서 화이트헤드에
게도 일종의 주관주의의 역할은 여전히 중요하다. 단 이런 주
체와 주관주의에 관한 언급에서 항상 조심할 것이 있다면, 화
이트헤드가 주체에 대해 언급할 때 지칭하는 주체는 항상 생
성과정 속에 있는 주체이며, 이런 주체는 언제나 여건, 즉 전
통적인 용어로 객체와 대상의 영향력을 전제한 상태 속에서
만 활동하는 주체라는 점이다. 따라서 주체와 객체는 분리되
어 존재하는 것이 아니다. 화이트헤드 철학에서 주체와 객체
의 경계는 언제나 모호하다. 확실한 것이 있다면 그저 주체적
활동과 객체적 활동이 있을 뿐이기 때문이다. 이는 '주관주
의'라는 용어의 사용에도 똑같이 적용된다. 주관주의라는 용
어를 사용하고 싶다면 그 용어 역시 객체를 여건으로 먼저 전
제하는 의미에서의 주관주의여야만 한다는 것이 화이트헤드
의 생각이다. 화이트헤드는 이를 '개조시킨' 주관주의, 즉 개

혁된 주관주의원리reformed subjectivist principle라 칭한다. 이에 대해서는 이하에서 자주 언급되고 설명될 것이므로 뒤로 넘기기로 하고 화이트헤드가 말하는 '경험론'에 대해서 조금 더 살펴보자.

화이트헤드는 객체의 역할을 중시하면서도 주체의 역할을 과소평가하지 않는 경험론, 그리하여 주체와 객체의 이분화를 넘어서는 이론을 말하기 위해 새로운 과정철학적 경험론을 만들어 냈다. 이른바 '느낌'의 경험론, 혹은 '파악'의 경험론이다.

여기서 느낌feeling이라는 말은 일상적 어휘로서 우리가 평상시에 자주 사용하는 말이다. 따라서 그리 어려운 뜻을 가지고 있는 개념이 아니기에, 우리는 이 개념을 통해 화이트헤드가 강조하려는 내용이 무엇인지 충분히 짐작할 수 있다. 우선 느낌이란 대상이나 타자를 경험하는 행위를 지칭하는 단어 중에서 가장 중립적인 단어다. 그것은 감성과도 관련되지만 지성과도 관련된다. 한마디로 어떤 것을 인지하는 행위이지만 그 안에 반드시 의식적인 것이 동반될 필요는 없다. 그러므로 느낌이란 일차적으로는 감성으로 경험하는 행위이지만 지각적 경험이 배제된 것은 아니다.

파악도 마찬가지다. 화이트헤드가 사용하는 영어 표현은 동사로서는 'prehend'이며 명사로서는 'prehension'인데, 굳이 풀어서 번역한다면 '잡아채기' 혹은 '손아귀에 넣기'라는 뜻이다. 이 단어에서 'apprehension 사유화'이라는 단어도 파생되었다는 사실을 기억한다면 그 의미가 더욱 분명해질 것이다. 따라서 prehend는 사유화로서의 '잡아채기' 행위 이전에 행해지는 모든 종류의 잡아채는 행위를 의미한다. 그렇다면 우리 말 번역어인 '파악'이라는 용어는 화이트헤드의 의도에 정확히 부합하는 표현이다. 파악 중에서 여건을 거절하지 않고 수용하는 것을 긍정적 파악이라고 하는데, 바로 이런 긍정적 파악이 느낌feeling이라고 불린다.

파악이론은 이해하기가 간단치 않고 조금은 전문적인 토론을 요한다. 그것은 이미 말한 바대로 실재론과 관념론 등의 분화된 이원론을 극복하기 위해서 나온 이론이므로 화이트헤드의 다른 전문 용어들, 특히 현실적 존재와 영원한 객체에 익숙해져야 온전한 이해가 가능하다. 따라서 파악에 대한 상세한 이론은 뒤에서 다루겠다. 여기에서는 단지 화이트헤드의 철학이 전통철학의 문제들을 해결하기 위해 '경험'이 의미하는 범위를 대폭 확장했다는 것을 받아들이는 것으로 마무리하자. 즉 느낌과 파악이론을 통해 새롭게 주창된 과정 경험론은 일차적으로 물리적인 에너지의 전달과 같은 여건을 잡는 것이다. 앞서 예로 제시한 것에 적용해 보자면, 이는 컵이나 빨대에서 나온 에너지를 말한다. 그들의 에너지는 매우 미약하지만 우리는 물리학을 통해서 그들도 에너지를 주고받는다는 것을 알고 있기에 여건의 일부분이 될 수 있다는 화이트헤드의 말을 이해할 수 있다. 한편 여기에서 여건은 인간이 그것을 수용할 때 작용하는 다양한 형태의 정신적인 잡아채기 활동을 의미할 수도 있다. 감각, 지각, 의식, 추론 등의 모든 작용 말이다.

정리하자면 화이트헤드의 과정 경험론이 균형적인 입장을 취할 수 있다는 것이다. 우선 그것은 주체와 객체의 이분화를 넘어선다. 화이트헤드는 주체가 형성될 때 타자로서 들어오는 것들을 여건data이라 명했다. 여기에서 여건이란 전통적인 철학에서 말하는 객체이기도 하다. 그러나 이미 보았듯이, 객체라는 용어는 화이트헤드에게 매우 제한된 의미로 사용된다. 우선 그것은 전통적인 주체/객체 도식에서 사용되는 바와 같은 것, 즉 주체와 분리되어 존재하는 객체와는 다르다. 화이트헤드 철학에서는 주체 없이 객체 없고, 객체 없이는 주체도 없기 때문이다. 차라리 화이트헤드 도식에서는 주체-객체라고 말해야 옳다. 그러므로 여기에서 객체라고 말할 때 화이트헤드가 염두에 두고 있는 것은 생성 중에 있는 주체를 형성하기 위해 들어오는 여건을 지칭한다. 그러다 보니 하나의 존재가 경험을 통해 대상을 받아들이는 행위에 집중하기 위해 여건이라는 말이 선호되는 것이다.

화이트헤드가 여건이라는 표현과 더불어 파악과 느낌이라는 표현을 사용하는 것도 우리의 경험이 주체 중심으로 이루어지는 것이 아니라 대상으로부터 오는 다양한 여건들의 수용과 더불어 시작됨을 강조하려는 것이다. 이로써 그는 관념론과 실재론을 넘어서는 경험론, 수동적인 대상의 수용과 능동적인 자기화를 동시에 말하는 균형적 경험론도 말할 수 있게 된다.

덧붙여 화이트헤드는 이렇게 확장된 의미의 경험론을 발전시킨 덕분에 인간 중심주의를 탈피할 수 있게 되었다. 말하자면 화이트헤드의 과정철학에서 경험이란 전자electron와 같이 미립자에서도 발생하고 한 송이의 장미와 같은 식물에서도 발생하기 때문이다. 이런 경험론은 화이트헤드 철학이 오늘날 적극적 의미의 생명사상을 발전시키고 나아가 인간 중심적 개발을 넘어서는 환경철학의 조성에 대안적 도움을 줄 수 있도록 만들었다.

2

과정철학과 생성의 철학

앞에서 우리는 화이트헤드의 기본적 주장과 그 철학적 특징에 대해서 말하면서 그 특징을 시간의 철학, 유동의 철학, 생성과 소멸의 철학, 경험주의 철학 등으로 요약하였다. 그 후 그런 특징들이 전통적인 철학과 어떻게 구별되는지에 대해서도 살펴보았다. 이로써 철학사 내에서 화이트헤드 철학이 가지고 있는 위치가 대강 확인되었으리라 본다.

이제 본 장에서는 화이트헤드 철학의 내부로 직접 들어가 과연 그 핵심 주장이 무엇인지 상세히 알아보는 과제를 수행하려고 한다. 이를 통해서 화이트헤드의 새로운 방법론들이 인류가 경험하고 있는 철학의 위기에 어떤 해결을 제시하는지 대강 가늠해 볼 수 있을 것이다. 이하에서 화이트헤드 철학의 복잡다단한 내용을 전부 살펴볼 수는 없기에 주로 화이트헤드가 사용하는 주요 핵심 개념과 그 용어를 설명하는 방식으로 접근하려 한다.

1
"과거는 사라지지 않는다": 객체와 인과적 효과

오늘의 철학이 직면한 문제를 회의주의와 그것에 입각해 발전된 해체주의 그리고 허무주의라고 칭해 보자. 회의주의는 주로 인식론적으로 작동한다. 따라서 인간의 사고능력과 그것에 입각한 이론, 법칙 등의 가치에 강한 의심을 표명한다. 해체주의는 주로 존재론적으로 작동한다. 사실 해체주의는 회의주의의 산물이다. 회의주의에 입각해 보면 하나의 대상으로서의 사물은 물론, 그 대상을 인식하는 주체는 결국 해체의 길을 겪을 수밖에 없다. 허무주의는 가치론적으로 작동한다. 오늘날 많은 사람들이 회의주의와 해체주의에 경도되면서, 스스로의 삶의 의미와 가치에 대해 긍정적으로 평가하지 못하게 됨에 따라 권태에 빠지고 방황을 일삼게 되었다. 이는 종종 새로운 문명의 건설을 향한 비전을 포기해 버리는 허무주의적 결과를 빚기도 한다.

오늘날 철학이 처한 위기를 위와 같은 내용으로 요약하는 것이 어떤 이들에겐 거칠고 무리한 행위로 느껴질 수 있겠으나 그렇다고 딱히 이런 주장에 대해서 비판하기도 쉽지는 않다. 포스트모더니즘이 기세를 떨치는 오늘의 현실 속에서 우리는 상당한 정도의 회의주의, 해체주의 그리고 허무주의의 만연을 경험하고 있기 때문이다. 그렇다면 화이트헤드의 철학은 어떻게 이런 문제들을 태클할 것이며 나아가 대안으로는 어떤 것들을 제시할까?

화이트헤드가 취하는 하나의 방법은 실재론을 회복하는 것이다. 여기서 우리는 실재론이 유명론이나 관념론의 반대 개념이라는 것을 잘 알고 있다. 여기서 실재론이 그런 개념들과 맞서 펼치는 논쟁을 일일이 다룰 수는 없다. 또한 포스트모더니즘의 영향 하에 형성된 오늘의 철학적 이슈들을 유명론과 같은 중세의 문제나 관념론과 같은 근대의 문제와 비교하면서 설명하는 것 또한 무리일 수 있다. 거기에 포스트모더니스트들이 사용하는 전문 용어는 물론이고 화이트헤드가 사용하는 용어들의 생경함마저 덧붙여지면 우리의 토론이 매우 장황하고 복잡하게 변질될 수 있다. 따라서 조금 거칠기는 하지만 실재론을 정의할 때, 그것을 그저 인식하는 주체 혹은 인식아(영어로는 'knower'를 말하는 것으로 이하에서는 주체/객체의 이분법을 피하기 위해 인식 주체보다는 '인식아'로 통일하도록 한다)의 인식능력이 실재를 잡을 수 없다는 것에 반대하는 입장을 의미하는 것으로 하자.

실재론에 반대하는 입장의 사례를 예를 들어 설명해 보자. 우리 앞에 '분필'이 있다고 할 때, '분필'은 하나의 보편적 개념이다. 이 교실의 칠판에서 사용되는 석회 덩어리의 막대처럼 보이는 개별자도 '분필'이라 칭할 수 있고 저 교실의 칠판에서 사용되는 개별적인 석회 막대도 '분필'이라 칭할 수 있기 때문이다. 그러나 실재론에 반대하는 사람들은 '분필'이라는 개념이, 이 교실의 것과 저 교실의 것을 공통으로 지칭할 수 없는 개념이라고 주장할 수 있다. 분필이란 본시 인간의 정신이 만들어 낸 개념에 불과하기 때문이다. 그들에 따르면 당장 한 마리 원숭이나 강아지에게 분필이란 관념은 전혀 보편적인 개념이 될 수 없다. 그러므로 이런 입장은 인식아의 사고능력을 문제 삼는 반실재론을 대표한다. 다른 한편으로 분필이라는 사물이 과연 우리의 인식 대상이 될 수 있는가라는 것을 직접 문제 삼을 수도 있다. 분필은 단지 흰색, 석회,

탄소, 작은 막대기 형태 등의 요소들로 이루어져 있을 뿐, 그것을 이런 요소들로 분해하고 나면 남는 실재는 없다는 것이 해체주의자의 입장이다. 물론 흰색이 있고 탄소도 있고 막대기도 있고 그것을 합쳐 놓은 어떤 것이 있다고 볼 수도 있겠지만, 해체주의자에겐 그런 식의 해석은 임기응변적이고 조야한 답변으로 간주될 뿐이다. 왜냐하면 요소들의 종합은 있지만 그런 종합뿐이고, 정작 실재는 없다고 말할 수 있기 때문이다. 예를 들어 흰색은 다시 '흰'과 '색'으로 나뉠 수 있고, '흰'은 다시 조명과 그것을 보는 눈이 있어야 가능하게 되므로 해체될 수 있고, 조명은 다시 ' ', ' ' 등의 요소들로 끝없이 나누어지면서 해체될 수 있기 때문이다. 그런 요소들을 잠시 종합해 보았자, 그것은 임시방편으로 종합된 것일 뿐이지 그 실재가 여전히 직접 확인된 것은 아니라 할 수 있다. 해체의 과정은 무한히 계속될 수 있고 결코 끝나지 않을 것이기 때문이다.

이런 식의 해체주의가 어떻게 회의주의와 허무주의로 귀결되는지에 대해서는 더 이상 설명이 필요 없다. 혹은 회의주의가 어떻게 해체주의와 허무주의에 영향을 끼쳤는지 알아보는 것도 더 이상 불필요한 작업이 될 것이다. 따라서 여기서 중요한 것은 오늘의 포스트모던적 회의주의, 해체주의, 허무주의가 사물이 소유한 실재성을 부정하는 것은 물론이고, 그것을 인식하는 인식아, 즉 인식 주체의 실재성도 부정하고, 나아가 그 인식아가 사용하는 언어와 개념들이 만들어 내는 모든 이론의 가치를 부정한다는 것을 확인했다는 점에 초점을 맞추고 우리의 토론을 계속하기로 하자.

화이트헤드에 의하면 대부분의 회의주의나 해체론이 인식아와 그것이 사용하는 개념, 그리고 그 인식의 대상으로서의 실재성을 부정하게 된 이유와 배경을 우리는 시간의 철학을 이용해 얼마든지 쉽게 이해할 수 있다. 물론 그런 이해 위에서 반실재론적 입장이 노출한 문제점을 해결할 수 있는 방법 또한 제시될 수 있다는 것이 화이트헤드의 견해다. 시간의 철학이 만물유전의 사상을 이용해 모든 문제를 설명하려 한다는 것은 이미 앞 장에서 말한 바 있으므로 또 다른 소개는 생략하자. 단지 그 내용을 상기해 가면서 시간의 철학이 어떤 해결책을 제시하는지 주시해 가는 방법을 택하자.

이미 앞에서 보았듯이, 시간의 철학은 '모든 것은 흐른다'는 만물유전의 사상을 핵심으로 사물의 유동, 생성과 과정 등을 강조한다. 그런데 이런 만물유전의 사상이 비록 오늘날에 와서는 많은 각광을 받고 있지만, 사실 고전철학에서는 오랫동안 홀대받았었다. 만물유전의 사상이 홀대받은 이유는 간단한데, '모든 것이 흐른다'는 사상이 모든 것은 사라진다는 사상과 연결되어 부정적인 결과를 낳을 수 있기 때문이다. 이것이 만물유전 사상이 가지고 있는 하나의 약점이다. 어떻게 그런 약점을 지니는지 더 세부적으로 들여다보자.

'모든 것은 흐른다'는 입장에서는 '모든 것은 사라진다'는 내용도 도출되기 쉽다. 흐른다는 것은 마치 물이 흐르는 것을 묘사할 때 깨닫게 되는 것처럼 모든 사물의 '흘러감'을 보게 만든다. 이렇게 모든 것을 흐르는 것으로 보게 만드는 근본원인은 시간의 성격 때문인데, 시간은 언제나 흐른 후 사라진다는 것이다. 현재는 항상 과거가 되고, 모든 과거는 언젠가 기억 속에서 사라지게 되어 있다. 사물은 시간 속에서 존재하지 않을 수 없는 것이 숙명이며, 시간은 흐름의 운명을 가지고 있기에, 결국 모든 사물은 흐른 후에 사라진다는 운명도 함께 갖게 되어 있다. 그런데 이렇게 사라진다는 사실이 바로 어떤 이들에게는 시간의 철학이 지니고 있는 치명적 문제점으로 비쳐질 수 있다. 사라지는 것은 대부분 현재에 가치와 의미를 확보하기 힘든 것처럼 보이기 때문이다. 실제로 전통적으로 중요한 철학의 과제 중 하나도 흘러가는 시간, 즉 과거 속에서 어떻게 의미와 가치를 발견해 낼 수 있는가 하는 문제였다.

그런데 엄밀히 따져 보면 흘러가는 것이 사라진다고 보는 입장은 언제나 현재 중심적 사고의 산물이라는 것을 알 수 있다. 과거는 흘러가 버린 시간이며, 미래는 아직 오지 않은 시간이라고 말하는 것이 틀린 견해는 아니지만, 사실 이는 모두 현재 중심적 사고방식의 산물이다. 이런 현재 중심의 사고방식에 기초해 사물과 인간에 대해 주도면밀하게 성찰한 후, 사실상 과거나 미래는 존재하지 않는다고 결론 내린 사람 중의 하나가 중세철학자 아우구스티누스Augustinus(혹은 영어권 발음으로는 어거스틴)이다. 그에 따르면 과거는 흘러가 버렸기에 존재하지 않고, 미래는 아직 오지 않았기에 존재하지 않는다. 따라서 어떤 면에서 볼 때는 단지 현재만이 존재한다. 따라서 아우구스티누스는 삶의 의미를 발견하기 위해 현재라는 시점에 집중해야 한다고 보았다. 왜냐하면 현재만이 내 앞에 있는 유일한 시간이라 생각하였기 때문이다. 물론 흘러가고 사라진다는 점에서는 현재도 마찬가지라는 것을 아우구스티누스도 인정했다. 따라서 아우구스티누스는 현재를 의미 있게 만들기 위해서는 하나의 전제가 필요하다고 생각했는데, 신학자였던 그는 신을 끌어들여 이 문제를 해결하려 했다. 과거에서 현재를 거쳐 미래로 흐르는 수평적 시간관에서 답을 찾기보다는, 신God과의 관계 속에서 현재를 붙잡는 수직적 시간관으로 해결책을 구하려 했다. 한마디로 말해 아우구스티누스는 신의 기억과 보장으로 인해 사라지는 현재가 의미를 확보한다고 본 것이다.

그렇다면 아우구스티누스의 시간관의 문제점은 분명해진다. 시간을 질적이고 수직적인 관점에서 보는 아우구스티누스의 시간관은 신God과의 관계 속에서만 그 의미가 확보된다. 그러므로 그에겐 결국 신을 깨달을 수 있고 그의 존재를 확신할 수 있는 인간의 의식이 시간이 제기하는 문제 해결에서 중요한 위치를 차지하게 된다. 물론 이는 어쩔 수 없이 그의 시간 이해가 주관주의에 빠지게 되는 약점을 초래한다. 인간은 주관적 의식을 통해서만 신을 알 수 있고 그것에 의지해 시간의 의미를 확보할 수 있기 때문이다. 아우구스티누스를 일종의 중세적 실존주의자로 보는 이유는 바로 이런 배경에 근거한다.

사실 흘러간 과거는 존재하지 않고 아직 오지 않은 미래도 존재하지 않는다고 보게 되는 것부터 시간을 전적으로 인간의 주관적 의식에서 이해하기 때문에 생겨난 결과이다. 그리고 이런 주관주의는 얼마든지 다양한 각도에서 비판될 수 있다. 즉 실제로는 우리의 삶에 있어 과거나 미래가 인간의 의식과 관계없이 존재한다고 볼 수도 있지 않은가? 과거를 의식하는 내가 없어도 조선시대는 엄연히 존재했으며, 의식하는 내가 사라져도 우주의 미래는 지속된다는 사실이 맞지 않을까? 조선시대는 사라졌지만 동시에 그것은 우리의 현재 속에 기억으로 남아 있다. 비록 조선시대를 알고 있는 나는 사라지지만 계속되는 한국인의 미래 속에서 그것은 언제나 기억으로 지속될 수 있을 것이다.

화이트헤드 과정사상에 따르면, 모든 사물들이 과거 속으로 사라지는 것은 일견 옳은 면이 있지만 사실상 그렇게 보는 것은 현재 중심적 관점의 산물이다. 즉 그것은 과거의 영향력이라는 다른 중요한 관점을 간과해 생겨난 결과이기도 하다. 화이트헤드는 이점에서 베르그송과 같은 견해다. 베르그송Henri Bergson에 따르면 시간이 과거 속으로 사라지고 현재에 아무것도 없는 것처럼 보이는 이유는 시간의 지속을 놓치는 인식 방법 때문이다. 화이트헤드 역시 이런 인식 방법에는 반대하는데, 화이트헤드에 따르면 시간이 흐른다는 사실 중에서 가장 중요한 특징은 그것이 지속된다는 것이다.

물론 과거라는 시간은 사라진다. 그러나 그것은 단지 사라져 버리는 것이 아니라 무엇인가를 남기면서 사라진다. 과거는 흔적과 기억으로 지속되면서 현재에 남아 영향을 끼친다. 그런데 이런 과거의 영향력을 인식하지 못하는 이유는 인간이 현재 중심의 관점에 치중하기 때문이다. 보다 전문적으로 말하면 시간은 폭과 깊이를 갖고 있는데, 단지 시간을 인위적으로 국면을 따라 끊은 후 그것을 순간과 순간으로 분할해 보기에 그런 관점이 생겨난 것이다.

시간의 분할 문제와 관련해 생기는 문제는 앞에서 이미 부분적으로 다루었으므로 더 이상의 토론은 반복하지 않기로 한다. 다만 화이트헤드에게 시간은 분할이 가능한 것으로 이해되지만 실제로는 분할되지는 않는다. 화이트헤드는 이런 원칙을 따라서 시간이 과거에서 현재로 던져지면서 지속된다는 사실을 주장한다.[13] 여기서 시간의 분할이 가능하다는 것은 현실의 영역에서 그렇다는 말이다. 인간이나 현실적 존재들이 시간을 경험할 때 그것은 분할된다. 그러나 시간의 분할은 실제로 가능하지 않다. 왜냐하면 그것의 본질적 성격은 지속이기 때문이다. 단지 시간이 현실세계의 영역으로 올라올 때만 분할의 성격을 지닌다는 것이 화이트헤드의 견해다.

따라서 화이트헤드가 시간이 이어져 있고 따라서 지속한다고 말할 때, 그 뜻은 결코 각각의 고정된 순간과 순간이라는 시간의 알갱이가 마치 분리된 구슬처럼 존재하다가 한꺼번에 잇대어 하나로 엮어진다는 것이 아니다. 화이트헤드에 따르면, 만일 순간과 순간이 마치 구슬처럼 각기 분할되어 존재한다면 그것은 이른바 제논의 역설에 빠지게 된다. 그리고 이로 인해 데이비드 흄David Hume이 오래전에 간파한 대로, 시간이란 인간의 상식을 회의주의에 빠지게 만드는 개념이라는 주장이 나오도록 만든다.

잘 알려져 있듯이 제논의 역설에 따르면, 만일 거북이가 한 시간 정도 먼저 출발해 10m 정도 앞서 나간다면, 같은 출발점에서 한 시간 후에 토끼가 출발점을 떠나 10m를 질주한다고 할지라도 결코 토끼는 거북이를 따라잡을 수 없다. 거북이가 이미 도달한 10m 지점에 토끼가 도달할 순간, 거북이는 그것보다 조금의 거리라도 앞서 있을 것이며, 이런 식의 순간들 사이의 차이로 인해 거리의 차이는 무한히 반복될 것이다. 이것이 바로 시간을 마치 순간과 순간으로 분할된 국면처럼 볼 때 생기는 아이러니다. 상식적으로 볼 때 토끼는 분명히 거북이를 앞설 수 있다. 그러나 제논의 역설에서는 그것이 불가능하다. 왜냐하면 시간이 지속이 아니라 구슬처럼 각각 분할된 채 따로따로 존재하는 순간들의 연속이기에, 이 각각의 순간 하나하나 자체도 무한히 분할될 수 있기 때문이다. 물론 화이트헤드는 시간이 과거-현재-미래와 같은 사고의 구분을 따라서 '순간적'인 것으로 나뉠 수 있다는 것을 인정한다. 그러나 실제로는 그것의 근본적인 분할이 불가능하다고 본다. 그 이유는 바로 시간의 특성이 폭을 가지고 있는 지속이기 때문이다.

이제 지속으로서의 시간 이해를 따라서 우리는 만물유전의 사상이 반드시 사물을 과거 속으로 사라지게 만들지 않는다는 점을 알 수 있게 된다. 사물이 시간을 겪고 그 속에서 살아간다는 것은 결코 분할된 순간과 순간에 일어나는 사건이 아니다. 그런 식의 시간 이해를 따른다면 인간과 모든 사물의 삶은 물론, 그들이 겪는 모든 시간은 흐르면서 곧바로 사라지고 만다. 하지만 화이트헤드의 지속되는 시간에서는 사물들이 사라지면서도 지속된다. 즉 과거는 사라지면서도 현재에 지속으로 남는다는 말이다. 그리고 이로써 대상은 결코 인식아의 주관적 개념과 관념의 산물이 아니며, 언제나 인식아의 주체 속에 들어와 있는 흔적과 기억으로 존재한다는 사실을 확인할 수 있게 된다. 이것이 화이트헤드의 시간론이 실재론을 살릴 수 있는 이유다. 대상에는 결코 인식아의 관념으로는 파악이 안 되는 그것만의 무엇이 존재하고 있다는 것이다.

이렇게 우리가 화이트헤드의 시간론을 따라 제논의 역설이 가진 문제점과 그에 대한 해결책을 이해한다면, 포스트모더니스트가 말하는 해체론에서 어떻게 벗어날 수 있는지도 알 수 있게 된다. 제논과 같은 식으로 시간을 이해하여 그것을 사물에 적용하면 사실상 모든 것은 무한 분할이 가능하게 되므로 결국 해체론자의 견해와 다를 바 없게 된다. 그러나 모든 사물은 비록 나눌 수 있지만 동시에 지속의 연속으로 보아야 한다는 화이트헤드의 주장을 따르면 우리는 사물을 전혀 다른 눈으로 볼 수 있게 된다. 사물의 특징을 분리와 이접성異接性, disjunction보다는, 내적인 관계와 연접성連接性, conjunction에서 보는 시각을 지닐 수 있게 되면서 해체주의의 문제도 극복이 가능하게 된다. 그런데 이런 화이트헤드의 새로운 시각은 단지 시간의 지속이라는 관점에서만 이해할 수 있는 것이 아니다. 화이트헤드는 그의 시간관을 다른 주장들, 예를 들어 우리가 앞에서 잠시 살펴본 파악이론에 적용해 우리에게 새로운 시각을 제공한다. 그리고 그것을 통해 반실재론을 또 다른 방법으로 극복할 수 있도록 한다. 이하에서는 이를 좀 더 이해해 보자.

앞에서 예로 든 유리컵 안의 노랑 빨대의 비유에서 살펴본 바대로 화이트헤드의 파악이론에 따르면 현재의 관찰자의 눈에 생성된 빨대라는 대상에는 물리적 에너지를 비롯한 여러 여건들이 들어 있으며 이런 여건을 포함하는 대상이 인식아에게 전달된 것이다. 관찰자로서의 인식아가 주관적 관점에서 개념을 동원해 인식하기 이전에 과거로부터 전달된 (이때 관찰자는 현재이고 대상은 과거가 되는 이유는, 관찰자의 입장과 그 시점에서 보면 대상은 과거에 있기 때문이다) 여건들이 이미 관찰자가 인식하는 행위 속에 들어온다는 말이다. 이런 이유로 파악이란 결코 하나의 주체적 인식아가 객체적 대상에게 던지는 인식행위로만 이루어진 것이 아니라, 오히려 객체적 대상이 주체적 인식아에게 던진 것을 잡아채는 행위라 말하는 것이다. 또한 바로 그런 이유로 인해 파악되는 대상과 파악하는 주체 사이에 있는 관계는 내적인 관계의 것이지, 결코 외적인 관계의 것이 아니라는 말이다. 여기서 대상과 주체 사이의 내적인 관계란 양자가 밀접하게 관련되어 있어 분리가 힘들 정도의 관계를 지칭하는 것이며, 외적인 관계란 서로가 이미 실제적으로 분리되어 있다는 관계성을 지칭한다. 이런 이유로 화이트헤드에게서는 주체와 대상의 이분화가 거부된 채, 모든 인식아와 대상 사이의 관계는 항상 객체-주체, 혹은 주체-객체이지 이분화된 것, 즉 '주체 vs. 객체'가 아니다. 따라서 주체가 되든지, 주관적 인식이 되든지 모든 것은 객체나 혹은 객체가 던진 것을 수용해 형성되는 것이다. 이런 이유로 화이트헤드의 객체는 주체 안에서 창조된 객체로서 존재하는 것이 아니라 그것과 상관없이도 존재할 수 있는 실재적 객체로서 존재하게 된다.

파악의 이론과 그것에 근거한 '내적 관계론'은 물론, 이미 그것의 근본이었던 지속으로서의 시간관은 흄의 회의론에도 해답을 줄 수 있다. 잘 알려져 있다시피 흄은 인과율을 부정했으며 그의 영향 하에서 많은 철학자들이 회의론자가 되었다. 그로 인해 기억이나 귀납법도 무용지물이라고 생각하는 학자들이 생겨나게 되었다. 잘 알다시피 귀납법이란 특수하고 개별적인 사건들에서 공통점을 추출해 하나의 가설적 이론을 만들어 내는 것이다. 현재 사건과 과거 사건이 서로 공간적으로 떨어져 있고 단순히 서로 자신의 공간을 점유하고 있다고 할 때, 흄과 같은 회의주의자들에게 사건과 이론은 서로 내적으로 관계되지 못하게 된다. 그들은 마치 그저 분리된 당구공들처럼 서로 외면적으로 인접해 있는 것뿐으로 간주될 수 있기 때문이다. 이런 경우 사건과 사건들 사이의 관계는 물론, 그 사건들의 관계에서 추출된 이론이 서로 어떻게 내적으로 영향력을 행사하면서 연결되는지 알 수 없게 된다. 즉 이런 상황에서는 사건과 이론 사이의 내적인 관계가 불가능하게 되며, 이는 궁극적으로 귀납법에 치명적인 결과를 빚어낸다. 왜냐하면 이미 말했듯이 귀납법이란 특수한 사건들을 서로 관계하게 만들어 그 관계 속에서 하나의 가설적 이론을 만들어 내는 것이며, 이는 현재의 사건들과 미래의 이론을 내적으로 연결시키는 것에만 근거하기 때문이다. 만일 현재를 통해 미래에 영향을 끼치고 그것에 근거해 미래를 예견할 수 없다면 가설적 이론의 성립은 더 이상 불가능하게 된다.

이렇게 과거가 사라지지 않고 현재에 남는다는 이론은 화이트헤드에게서 소위 인과적 효과성causal efficacy으로 불리는데, 이 개념이야말로 그의 실재론을 이해하는 데 있어서 핵심이다. 인과적 효과성이란 그 표현 자체가 의미하듯이 모든 과거의 사물은 현재에게 언제나 원인과 결과의 관계에서와 같은 효과를 남긴다는 뜻이다.

이를 근대철학사에서 논의되었던 문제를 적용해 토론해 보자. 간단히 말하면 화이트헤드는 실재론을 방어하기 위한 목적으로 오래된 철학적 난제 중의 하나인 색, 소리, 냄새 등

소위 로크John Locke가 말하는 대로 제2성질에 관해 비판적으로 논한다.[14] 화이트헤드에 따르면 색, 소리 등은 분명히 자연에 속하는 측면이 있다. 그럼에도 불구하고 많은 근대철학자들은 자연을 생명이 없는 기계적인 것으로 규정하면서 자연 속의 여러 측면이 사실은 인간의 인식 주관에 의해서 부여된 것이라는 주장을 펼쳤다. 예를 들어 분필의 '흰색'과 같은 성질은 분명히 분필 속에 있는 성질이다. 물론 그것은 인간의 감각의 대상이므로 주관적으로 부여되는 측면이 있다. 우리가 어떤 사물의 성질로서 알고 있는 많은 것들 중에는 사실상 주관이 부여한 것이지, 실제로는 존재하지 않는 성질이 많다. 이는 곧 사물의 성질 중 많은 것은 인간의 주관적 인식이 착각함으로써 만들어 낸 환상이라는 것을 뜻한다. 신기루도 그런 것이며 여러 해 전에 사라진 별에 대한 감각도 그런 종류의 것이다. 신기루에서 오는 기둥 모양이나 사라진 별의 빛나는 색채는 모두 착각이며 환상이다. 한마디로 인간의 주관이 부여한 것으로, 이는 감각에 의한 인식이 오류였음을 드러낸다.[15]

그러나 화이트헤드는 말한다. 색깔이나 소리와 같은 성질들은 인간의 감각지각이 여건으로 파악하는 것들이지만, 동시에 그것들은 주관에 여건으로 주어진 것들이라 실제로는 주관과 상관없이 존재하는 면이 있는 것도 분명하다고 주장한다. 따라서 이 사실은 모든 성질이 그저 단순히 주관의 산물로 이루어진 것은 아니라는 것을 드러낸다고 말한다. 다시 말해서 색깔이나 소리와 같은 여건들은 분명히 감각의 대상이기는 하기에 어찌 보면 주관의 산물이라는 것이 맞다. 그러나 그런 것을 감각을 통해 인식할 때는 인간에게 반드시 일종의 비감각적인 요소도 전달된다는 것을 알아야 한다는 것이 화이트헤드의 견해다. 예를 들어 빨대의 노란색이 인간에게 전달될 때는 노랑이라는 감각 여건과 더불어 그 노랑의 색깔을 나르고 있는 비감각적이고 물리적인 것들, 예를 들어 바나나의 향, 그 향을 실어 나르고 있는 바나나의 분자들 등이 전제되어야 한다. 과학적 지식을 통해 우리는 바나나 분자가 나의 코끝에 전달된다는 것을 분명히 알고 있지만 그렇다고 그것을 감각하지는 못한다. 화이트헤드는 이런 물리적 요소를 앞에서 말한 대로 인과적 효과causal efficacy라 명명했으니, 인과적 효과란 대상으로서의 사물에서 인식아인 주체에게 효과로서 던져진 것이다. 이런 것들이 효과라고 불리는 이유는 그것이 인식아가 만든 것이 아니라 인식아에게 영향력으로 행사된 것이며, 인식아는 그저 그것을 잡아챈 것뿐이기 때문이다. 여기서 효과는 과거 속의 원인에 의해 결과로 남겨진 현재의 것을 말한다. 그리고 이렇게 전달된 효과를 잡아채는 행위를 물리적 파악이라 칭한다는 것은 이미 언급한 바 있다. 이렇게 화이트헤드에 따르면 물리적 파악은 인식아의 주체가 만드는 것이 아니라 대상으로부터 오는 여건이므로 인식아는 그것에 순응할 뿐이다. 이것이 색깔과 같은 성질을 지각할 때조차 주관이 만들지 않은 요소, 즉 자연 안에 실재하는 인과적 요소가 있다는 것을 강조하는 이유다.

정리하면 내 안에서 감각으로 인한 오류가 발생했다고 하더라도, 그 때문에 색깔이나 소리 등은 자연 내에 실재하는 것이 아니라고 주장한다거나 자연과 무관하다고 주장하는 것은 매우 성급한 주관주의적 주장이다. 어떤 성질은 인간의 주관이 만든 착각의 산물인 경우도 있지만, 자연 내의 많은 성질들은 그 대상 안에 속해 있는 것이며 실재하는 것이다. 우리가 성질들을 주관주의적으로 보는 이유는 단지 성질들의 비감각적인 요소에 둔감하기 때문일 뿐이지, 그들이 실재하지 않기 때문은 아니다.

여기에서 우리는 이 문제를 더 이상 상세히 토론할 공간이 없다. 화이트헤드가 자신의 파악이론과 그것에 기초한 인과적 효과라는 개념을 동원해 어떻게 실재론을 옹호하는지 알게 된 것으로 만족하면 되기 때문이다. 그리고 이를 통해 모든 사물들의 유동성이 그것의 실재성을 부정하게 만드는 것은 아니라는 것을 이해한 것으로 정리해 보자.

덧붙여 여기에서 마지막으로 또 하나 상기할 것이 있다. 모든 사물에 대한 인식은 과거와 현재의 관계 속에서 펼쳐지는데, 이때 과거는 대상과 객체를 의미한다. 그렇게 과거는 사라지지 않고 현재에 남는다. 또한 여기서 현재는 주체적인 것을 의미한다. 우리가 인식이라고 부른 것이기도 하다. 이렇게 보면 모든 주객 관계는 과거와 현재의 관계로 환원할 수 있다.

물론 과거와 현재의 관계에 속하지 않은 관계도 있다. 사물과 사물이 같은 시간대에 존재할 때 그렇다. 예를 들어 현재 키보드를 두드리는 나와 키보드는 같은 시간대에 존재할 수 있다. 이런 동시적 관계에서는 인과성이 적용되지 않는다. 따라서 이런 관계는 과거와 현재의 관계로 취급할 수 없다. 물론 관계의 철학에서 이런 경우는 단지 논리적으로만 가능하지 실제로는 불가능하다. 왜냐하면 모든 관계는 엄밀히 대상과 주체가 있어야 성립되는데, 이때 주체가 현재가 되는 순간 그 앞의 대상은 과거가 되기 때문이다. 이런 식으로 모든 관계는 과거와 현재의 관계 속에서 진행되며, 따라서 과거는 사라지지 않고 현재 속에 살아남는 것도 필연적이다.

2
"현재는 증가한다": 차이와 새것

화이트헤드의 과정철학에서 과거는 결코 사라지지 않고 남는다. 그것은 힘과 효과를 가지고 있으며 언제나 현재에 영향력을 행사한다. 그런데 이때 제기될 수 있는 중요한 질문이 있는데, 그것은 새것의 탄생에 관한 것이다. 과거가 남는다고 말할 때 과거는 반복되지 않는가? 만일 과거가 반복된다면 어떻게 새것이 있을 수 있는가? 하늘 아래 새것은 없다고 주장하는 옛말처럼, 정말 화이트헤드 철학에서 현재는 단지 과거의 반복이 아닌가? 만일 그렇지 않고 진정으로 새것이 존재한다고 말할 수 있다면 그것은 화이트헤드에게서 어떻게 가능한가?

우선 과거가 사라지지 않고 남는다고 할 때 그 과거는 반복된다는 말부터 살펴보자. 앞에서 사례로 든 바위의 비유를 다시 상기하자. 바위, 즉 고정되어 있는 암석은 어제나 오늘이나 동일하게 그 자리에 존재한다. 특히 10일 전의 암석이나 현재의 암석이나 별로 차이가 없다. 그대로 과거의 존재가 계속 반복되고 있는 것이다. 따라서 과거는 사라지지 않고 남아 있을 뿐만 아니라 거의 동일하게 반복되고 있는 듯이 보인다. 특히 암석의 경우 과거의 영향력이 끼친 효과는 현재에도 그대로 지속된다. 예를 들어 암석을 구성하고 있는 여러 물질들은 과거나 현재나 동일한 양태와 구조를 유지하고 있는데, 그것은 과거의 효과가 현재에도 그대로 지속된다는 것을 의미한다. 한마디로 원인으로서의 과거나 결과로서의 현재나 모두 동일하다.

물론 앞에서 우리가 분석했듯이 암석은 항상 동일한 것이 아니다. 암석은 과정 속에서 시간의 경과를 겪으면서 유동하고 있는데, 그 중요한 특징 중 하나가 새것이 된다고 하는 것이다. 그것이 과정철학의 중요한 주장 중의 하나다. 그런데 평소에 우리는 암석에서 새것이 발생한다고 말할 때 왜 선뜻 동의하지 못하게 되는가?

과정철학의 원칙을 따라 유동하는 사물이 생성할 때 그곳에는 새것이 있다는 말이, 다른 것에는 몰라도 바위에는 전혀 어울리지 않는 듯이 보이기 때문일 것이다. 바위에서 정말 새로운 생성이 발견되기는 하는가? 솔직히 말해서 바위가 생성한다면 도대체 어떤 면에서 그러한가? 나아가 그곳에 새것이 있다면 그 의미는 무엇인가?

앞에서 우리가 바위의 예로부터 시작한 이유는 과거가 사라지지 않고 남을 때 반복된다는 것과 그래서 '어찌 보면' 새것이 발견되지 않는다는 것을 보여 주기 위해서였다. 재차 강조하거니와 화이트헤드의 과정철학은 이렇게 과거가 사라지지 않을 뿐만 아니라 반복된다는 것을 일차적으로 인정한다. 아니 사실 과거가 반복된다는 것은 매우 중요하다. 왜냐하면 과거의 반복은 사물과 세계의 안정성을 보장하게 되며 이는 세상에 존재하는 질서와 연결되기 때문이다. 즉 사회와 자연 안에 존재하는 이론과 법칙이 일관되지 못하고 변덕스럽다면 인간의 세상과 우주의 질서는 확보되지 못할 것이며 도덕이나 윤리 등에도 크게 문제가 발생할 것이다.

그러나 과거가 반복된다는 사실이 아무리 중요하더라도 그것만으로 우리가 살고 있는 우주를 온전하게 설명할 수는 없다. 과거는 반복되지만 그것은 사라지고 현재에 갱신되기도 하는 것이다. 과거가 반복되는 면이 있으면서도 분명히 사라질 뿐만 아니라 현재에 갱신되어 새것으로 탄생하는 예를 우리는 어디서나 발견할 수 있다. 인간이 그 전형적인 사례이기 때문이다.

필자가 대학교에 재학 중인 학생이라 가정해 보자. 이때 유치원 시절의 나와 현재 대학생으로서의 나를 비교해 보면 과거의 나는 사라졌지만 현재에 남아 있기도 하다. 그렇게 과거는 반복된다. 그렇지 않고서는 '나'라는 명칭을 사용할 수 없기 때문이다. 이렇게 과거는 반복된다는 것이 일차적인 원리다. 특히 인간의 정체성 문제와 관련할 때 과거의 나는 현재에도 반복된다. 하지만 우리는 동시에 새로운 '나'가 있다는 사실도 잘 알고 있다. 우선 나는 유치원의 '나'가 아니고 대학생인 '나'이므로 나는 새로운 나이다. 그러므로 여기서 우리는 반복되는 나도 있고 새로운 나도 있다는 점을 알 수 있다. 또한 여기서 우리는 암석에 대해서 말할 때와는 매우 다른 양상인 것을 느낄 수 있다. 왜 그럴까? 이런 차이는 왜 존재하는 것일까?

이제까지 배운 화이트헤드의 용어를 사용해 이를 설명해 보자. 암석 안에는 수많은 존재와 사건들이 있다. 암석을 작은 돌과 같은 알갱이로 부수고 그것을 다시 모래보다 작은 단위로 쪼갠 다음, 다시 그것을 끝까지 분해하고 나면 결국 우리가 알고 있는 과학적 지식 내에서 최종적으로 남는 것은 전자, 양성자, 중성자 등 미립자(혹은 미립자 사건)일 것이다. 물론 쿼크라는 보다 하부 단위의 소립자(혹은 소립자 사건)도 있으나 그것을 종합하면 전자가 될 것이고 그것은 다시 원자로, 분자로 종합되며, 결국에는 황사와 같은 작은 모래를 거쳐 돌멩이가 되었다가 최종적으로 현재의 암석(물리학적으로는 암석의 하부 사건이 종합된 하나의 '암석 사건'이라 칭할 수도 있다)이 된 것으로 유추할 수 있다. 이 현재 암석의 과거를 구성하고 있는 여건들은 다양하다. 미립자들도 여건이고, 그것을 종합한 모래도 여건이며, 그것을 다시 종합한 돌멩이라는 여건, 그리고 10분 전에 존재했던 암석과 10초 전에 존재했던 암석 등도 전부 현재의 암석을 구성하고 있는 여건들로 간주될 수 있다. 이 말들은 도대체 무슨 의미인가?

복잡한 토론을 줄이고 단도직입적으로 정리하면 다자many로서의 여건들은 암석 내부에 있기도 하고, 암석의 과거에도 있다. 이런 분석이 맞다면 어쨌든 현재의 암석이라는 하나one의 암석의 입장에서 볼 때 여건은 다자many이다. 이런 다수의 여건이 일자one인 암석으로 종합된 것이 현재의 암석이다. 그런데 그때 이곳에서 우리가 발견하는 것은 그저 다수의 물리적인 사물들뿐이다. 한마디로 일자로서 현재의 암석은 과거의 다수 여건의 종합이지만 그곳에는 물리적인 사건들뿐이라는 말이다. 왜 이런 일이 발생하는가? 왜 암석에는 그저 물리적인 사건들만이 존재하는가?

간단히 말하면 암석이라는 사건에서 과거가 현재에 의해 파악될 때 현재의 주체는 여건들을 주로 물리적으로만 파악하는 듯이 보인다. 그것이 암석의 특징이기 때문이다. 암석은 인간과 달리 주체의 주관적 인식능력이 약하다. 그러기에 암석의 사건에는 주로 물리적 파악이 강하게 행사된다. 이 말은 암석의 사건 내에 있는 계기들이 개념적이고 정신적인 파악을 전혀 못한다는 뜻이 아니다. 화이트헤드 철학은 오히려 정반대를 말한다. 칸트나 그 밖의 주관주의자들과 달리, 화이트헤드는 심지어 암석과 같은 물리적 존재 내의 여러 사건들, 예를 들어 모래를 쪼갠 후 그것보다 작은 하부 단계에 속하는 미립자 사건의 경우에서도 물리적인 파악뿐만 아니라 개념적 파악이 발생한다는 것을 인정한다.

그러나 암석을 이루고 있는 입자들 내에서 발생하는 파악들은 물리적 파악이 지배적이기 때문에 개념적 파악에서는 새로움의 발생이 약하다는 것이 화이트헤드의 견해다. 그것이 인간과 암석을 가르는 차이점이다. 말하자면 현재의 암석은 과거의 여건들을 수용할 때 그저 물리적인 파악을 통해서 수용할 뿐, 개념적인 파악을 통해 종합하지 못한다고 볼 수 있다. 개념적인 파악은 과거 여건들을 그저 받아들이는 것을 넘어서 그것을 종합하며, 특히 인식 주체의 관점에서 주체적으로 수용하는 것을 말하는데, 암석은 그것을 수행할 능력이 아주 미약하다는 뜻이다. 그리고 그런 능력이 없이는 결코 온전한 의미의 새것을 발생시킬 수 없다. 이게 암석이 불변하는 상태에서 그저 동일하게 반복되는 것으로 나타나는 이유다.

그런데 여기서 우리는 그저 종합되는 사건과 그 사건 이상으로 새것이 발생하는 사건 사이에 존재하는 차이에 대해 좀 더 세밀하게 알아볼 필요가 있다. 그것이 화이트헤드의 시간의 철학 내에서 새것의 발생이 차지하는 의미를 보다 정확하게 깨닫도록 우리를 인도해 주기 때문이다.

다시 한 번 말하자면 과거는 사라지지 않고 반복된다. 특히 그것은 인과적 효과를 남겨서 현재의 주체에게 영향을 끼친다. 과거는 이렇게 현재에서도 반복된다. 그러나 화이트헤드의 과정철학에서는 과거가 반복되기도 하지만 동시에 갱신되기도 한다. 보다 정확하게 표현하면 과거는 반복과 동시에 종합되기도 하는데 이때 새것이 발생한다. 화이트헤드의 과정철학에서는 과거가 종합되어 새것이 발생되는 것을 하나의 '생성적' 과정이라 부르게 되는데, 화이트헤드는 이런 과정을 설명하기 위해 전문 용어를 만들었다. 바로 합생合生, concrescence이라는 용어가 그것이다. 여기서 '합생'이라고 번역된 'concrescence'는 본래 어원적으로 보면 'growing together'라는 뜻이다. 그저 종합되고 합성되는 것이 아니라 '함께 증가한다'는 뜻이 담겨 있다는 말이다. 그런데 함께 증가한다는 뜻은 종합된다는 말보다 새것의 발생을 표현하는 데 보다 정확한 내용을 담고 있다고 볼 수 있기에, 화이트헤드는 전혀 새롭게 보이는 신조어를 만들어 사용하고 있다. 그러므로 '합생'이라는 표현 속에는 다자로서의 여건들이 종합된다는 사실과 그것이 그저 과거 여건들의 종합이 아니라 함께 모여 증가한다는 의미가 함께 들어 있다. 이 말이 어떤 이유로 새것의 발생을 보다 적확하게 표현하는지 직접적인 사례를 들어 설명해 보자.

예를 들어 초등학교의 오케스트라의 경우를 보자. 대부분의 초등학생은 음악에 대해 열성을 가지고는 있으나 각자 아직 충분한 실력을 갖추고 있지 못하기 때문에 질 좋은 음악을 만들어 내지는 못한다. 하지만 각자 연습을 많이 한 후, 훌륭하고 유능한 지휘자의 리드를 따라서 연주하게 되면 혼란스럽게만 들리던 그들의 음악이 아름다운 조화를 지닌 질 좋은 음악으로 변모될 수 있다. 이렇게 서로 무관하고 혼란 속에서 다자들의 상태에 있던 각각의 악기들과 연주자들이라는 이질적인 여건들이 상호 조화 속에서 이상적으로 관계를 맺는 순간 질 좋은 음악이 탄생한다. 이때 우리는 이를 감상하면서 창조적이고도 새로운 음악을 경험했다고 경탄한다. 서로 혼돈된 상태에 있었던 과거의 다자가 질서 잡힌 일자로 창조된 것이다.

이렇게 합생의 과정에서 새것이 발생하는 바를 정확하게 표현하는 화이트헤드의 경구가 있으니, 그것은 "다자는 일자가 되며 그래서 일자만큼 증가한다many becomes one and increased by one"라는 명제다.[16] 여럿은 하나가 되고 바로 그 하나에 의해서 여럿이 늘어난다는 말이다. 방금 예를 들었던 오케스트라를 보자. 만일 우리가 악기가 여러 개 있다는 사실에 집중하면, 이는 과거의 다자(여러 개의 악기)가 공연 이전에는 하나가 되지 못했으나, 그것이 연주를 통해 조화롭게 될 때 음악이라는 일자가 생겨나면서 과거(위 예를 들면 악기들의 무질서한 배열)에 새것이 증가된 것이다. 그러나 여기까지는 아직 온전한 의미에서 새것이 발생했다고 볼 수 없다. 단지 조화로운 악기들의 소리가 종합된 것만으로는 새것이라 할 수 없고 그저 여럿이 하나로 뭉친 것에 불과하기 때문이다. 그러나 지휘자가 작곡가의 의도를 반영하면서 모든 소리들을 조화로 이끌었을 때 창조된 것은 분명히 이전에 없었던 것이 새롭게 탄생한 것이라고 할 수 있다. 악기의 소리가 종합되는 경우, 어떤 때는 그것이 소음이 될 수도 있다. 그 경우 그런 종류의 종합은 조화가 아니므로 음악으로서의 감동을 줄 수 없다. 우리가 잘 알다시피 오케스트라가 연주를 시작하기 전, 지휘자는 피아노 연주자에게 튜닝tuning을 시작하라는 사인sign을 준다. 이에 따라 다른 악기 주자들은 피아노 연주자가 연주하는 기준음(A4)에 맞춰 자신의 악기를 튜닝한다. 이때 만들어지는 소리는 아직 미학적으로 음악이라 평가될 수 없는 소음에 가까운 종합일 뿐이다. 물론 그것도 다자의 종합이고 그곳에도 일종의 일자가 있지만 아직은 충분한 가치를 지니는 새것으로서의 일자가 아니다.

그렇다면 이제 우리는 다자가 일자로 탄생될 때 비록 종합으로 인한 증가가 있더라도 그것이 새것으로서 존재하면서 차이를 일으키는 것은 또 다른 차원의 문제라는 것을 알 수 있다. 여기서 화이트헤드는 다자가 일자로 될 때의 과정을 보다 면밀히 분석하면서 진정한 의미에서 새것이 탄생되는 과정을 설명하고자 하는데, 이를 위해서 동원되는 것이 소위 주체적 형식subjective form과 주체적 지향subjective aim의 이론이다.

화이트헤드의 도식에서는 어떤 존재이든 그것이 주체로서 다자를 종합할 때 그저 종합하지 않고 나름의 방식으로 종합한다. 왜냐하면 모든 존재는 대상으로서의 여건을 받아들일 때 자신이 가지고 있는 관점과 입각점에서 받아들이게 되어 있기 때문이다. 이렇게 인식하는 현재의 주체가 과거의 여건을 받아들이는 형식을 주체적 형식subjective form이라 한다. 주체적으로, 즉 나름의 형식을 따라서 과거의 여건을 받아들이기 때문이다. 그런데 이때 활동하는 주체적 형식은 존재자의 종류에 따라서 각기 다르게 행사된다.

앞에서 예를 든 암석의 경우는 주체적 형식의 내용이 매우 물리적이다. 따라서 다자를 일자로 종합하는 능력이 매우 약하다. 아니 그 능력이 거의 제로에 가깝다. 따라서 그곳에 종합하는 행위가 있더라도 그것은 그저 암석을 구성하고 있는 물질들 혹은 물리적인 에너지들이 뭉쳐 있는 상태를 유지한 다는 의미의 종합이 있을 뿐이라, 다자가 일자가 되어도 증가 분이 거의 없다. 이미 앞에서 분석한 바대로 물론 암석 안에 도 다자로 존재하는 암석 알갱이 내의 미립자들은 항상 활발 하게 움직인다. 그러나 현재의 암석은 모든 다자로서의 암석 의 여건들, 예를 들어 암석의 알갱이보다 더 하위의 계층을 구 성하고 있는 전자, 양성자, 중성자들이 활발하게 이합집산하 더라도 그런 행위는 그저 반복에 그칠 뿐인 사건들의 종합에 불과하다. 암석 내에서 현재의 사건들과 존재들을 이끌고 있 는 대표적인 사건 중 그 어느 것도 (마치 오케스트라 지휘자의 역할처 럼) 고도로 발달한 주체적인 형식의 차원에서 미립자 사건들 을 조화시키지 못한다. 그런 이유로 물리적 사건들은 그저 반 복을 거듭하고 있고, 그것이 우리들의 눈에는 어제도 오늘도 변함없이 고정적으로 그 자리에 있는 암석의 모습으로 비치 는 이유다.

오케스트라의 경우에는 지휘자로 인하여 다수의 여건들을 종합하는 주체적 형식에 있어 강도intensity와 그로 인한 결과적 내용물이 다르다. 여기서 화이트헤드가 형식과 내용을 구분한다는 것을 알 수 있다. 지휘자나 암석이나 주체적인 형식을 사용해 여건을 종합한다는 사실에서는 동일하다. 어느 존재자이든 여건이라는 대상을 받아들일 때 자신의 관점, 즉 주체적으로 사용하는 형식에 따라서 받아들이기 때문이다. 그런데 그 형식을 이루는 주체적 결단은 각기 다르다. 화이트헤드는 이런 결단의 행위를 주체적 목적subjective aim이라 부른다. 암석에서는 주체적 목적이라는 일종의 의도성intention이 거의 제로다. 그러나 오케스트라에서는 지휘자가 지닌 목표와 그것에 부합하는 의도에 따라서 그가 지향하는 형식과 행위가 달라진다. 물론 이렇게 목표를 지향하는 마음, 즉 주체적 목적도 지휘자에 따라서 각기 다르다. 어떤 이는 보다 강한 예술적 목표와 관련된 의식을 갖고 자신의 오케스트라를 지휘해 갈 것이며, 이때 그가 지향하는 목표는 그저 오케스트라의 현상 유지나 생각하고 있는 사람이 지향하는 목표와 다르게 될 것이기 때문이다.

이제까지 우리는 화이트헤드의 과정철학이 개념적 파악, 합생, 주체적 형식, 주체적 목표라는 특유의 개념을 통해 어떻게 과거가 현재에서 새것으로 탈바꿈하는지를 설명하는지 보았다. 이렇게 새것과 차이가 어떻게 발생하는지 설명한 지금, 그럼에도 불구하고 여기에서 우리가 착각하지 말아야 할 중요한 시항이 있다.

과거가 사라지지 않고 현재에 남아 영향을 끼친다는 것을 강조할 때, 우리는 화이트헤드가 사물의 실재성에 대해 인식론적으로 새롭게 변호할 수 있음을 보았다. 하지만 현재가 과거를 어떻게 종합하고 나아가 새것을 만들어 내는지에 대한 관심사로 인해 혹자는 다음과 같이 질문할지 모른다. 화이트헤드의 철학이 개념적 파악과 합생 그리고 주체적 형식, 주체적 지향이라는 개념들을 사용해 새것에 대해 강조할 때, 어떻게 그는 여전히 실재론을 견지하면서도 주관주의에 빠지지 않을 수 있을까? 칸트가 행했던 것처럼, 즉 직관과 감성을 강조하지만 그 모든 것이 개념의 권위 하에서 진행된다고 말했을 때의 경우처럼 혹시 화이트헤드가 여전히 관념론의 족쇄에서 벗어나지 못하는 우를 범하지 않을까?

이런 질문이 제기될 수 있는 이유는 인식아의 주체가 사용하는 개념적 파악과 주체적 형식, 그리고 그것을 사용하는 마음으로서의 목적행위 같은 모든 것들이 결국 주관적으로 행사되는 도구인데, 그런 도구들이 만든 새것이 진정한 의미의 새것이라고 전제한 것에 대해 제기되는 의구심 때문이다. 이는 결국 인간의 주체적 역할에 의해 대상과 객체의 구성이 달라진다는 칸트의 주장과 무엇이 다른가? 문제는 이런 것뿐만이 아니다. 만일 현재의 주체가 과거의 여건을 종합해 새것을 만들었을 때 그것이 진정한 의미의 새것이라면 또 다른 심각한 문제가 발생한다. 즉 이른바 자연의 이분화 문제가 그것이다. 인간으로서의 주체가 현재의 관점에서 자연 속의 여건들을 인식한 후 깨달은 것이 참으로 새것이라면, 그것은 자연과는 다른 것이 될 것이며, 그런 의미에서 자연의 이분화가 발생할 것이다. 이것이 이른바 로크가 말하는 제2성질 이론이 철학사에 가져온 문제라고 할 수 있다. 화이트헤드가 사용한 예를 들어 이를 설명해 보자.

사람들은 하루의 일과가 끝나고 일몰이 시작될 때 자연 속에서 노을의 장관을 보게 된다. 그리고는 그 숭고한 아름다움에 감탄하게 된다.[17] 이때 노을의 광경을 보는 사람이 과학자라고 치자. 그는 노을을 보면서 아름답다고 감탄사를 연발할수도 있지만, 곧 자신의 과학적 지식을 그곳에 적용해 노을이란 그저 붉고 노란 계통의 색을 지닌 광분자의 행렬이 내 눈에 들어온 것이라고 말할지도 모른다. 그리고 만일 그가 관념론 적 철학의 영향을 받았다면 눈 안에 들어온 광분자를 알아본 것은 그 자신의 감각이었기에 자신의 감각기관의 산물이라고 말할지도 모른다. 예를 들어 자신이 눈먼 장님이었거나 강아 지였다면 광분자도, 노을도 몰랐을 것이기 때문이다. 실제로 강아지나 눈먼 장님에게 노을은 아름답지도 않고 존재하지도 않기 때문이다.

이런 상황에서 그 과학자에게 노을은 자연의 아름다운 일부 분이 아니다. 노을은 그저 인간에게 주어진 감각이 느낀 것이 지 자연에 있는 것은 아니다. 따라서 여기서는 두 개의 자연 이 존재하게 된다. 노을 자체로서의 자연이 그 하나요, 인간이 만들어 낸 노을이 또 다른 하나의 자연이다. 분자의 행렬로서 들어온 붉은 노란색은 내 눈이 발견한 것이므로 눈이 만들어 낸 성질이라 할 수 있다. 따라서 그렇게 만들어 낸 성질로 이 루어진 노을과 그런 성질에 의지하지 않은 본래의 자연, 즉 노 란색 분자의 행렬을 방출한 것으로서의 사연이라는 이분화가 발생한다. 철학적 용어로 말하면 인간의 감각과 지성이 만들어 낸 것, 즉 인간의 산물로서의 자연이 있고, 그렇지 않은 객체로서의 자연이 있다는 말이다. 물론 여기서 인간의 산물로서의 노을은 살아 있는 자연이 아니라 어찌 보면 생명이 없는 죽은 자연이다.

이런 이유로 앞에서 말한 대로 관념론과 관련된 질문이 생겨난다. 정말 노을은 자연 속에 있지 않은 것일까? 노을은 그렇다고 치더라도 숫자는 어떨까? 사과 두 개와 세 개를 합한 것이 다섯 개인데 그것은 그저 인간이 그렇게 습관적으로 생각하는 것일까? 만일 그렇다면 우리가 '2+3=5'를 진리라고 말할 수 있는 근거가 사라진다. 수학적 진리는 사과들이 배열되는 사건 속에 들어 있지 않고 단지 우리가 그렇게 믿는 것이라 할 수 있기 때문이다. 삼각형의 내각의 합은 180도라는 것은 삼각형 속에 들어 있는 절대적 진리인가 아니면 우리가 그렇게 부여한 것인가? 인간이 만든 도덕법은 자연 안에 있는 것인가 아니면 인간이 만든 것인가?

이미 언급했듯이 화이트헤드는 자연의 이분화에 반대한다. 노을은 내 인식 안에 있는 면이 있지만 사실 그것은 자연 속에 있다. 물론 수학자였던 화이트헤드에게 수학적 진리는 더욱 그러하다. 수학적 진리는 자연 안에 있는 것이고 그래서 수학의 법칙은 그것을 생각한 사람과 상관없이 맞다. 노을이나 숫자는 인간의 창조물이 아니다. 그것은 이미 존재하고 있는 것을 인간적 방식에 따라 인식한 것이다. 그리고 그런 표상들, 즉 노을이나 숫자는 자연 어디엔가 존재하는 것이다. 물론 노을을 노을로 지칭하고, 숫자를 숫자로서 지칭하려면 그렇게 규정하는 도구가 필요하다. 플라톤 용어로 말하면 소위 이데아 혹은 보편적 형상이 필요하다. 삼각형이라는 형상 없이 삼각형이 존재하지 않는 것처럼 말이다. 그러기에 플라톤에게는 필연적으로 노을과 숫자의 형상이 먼저 존재하며 그런 형상으로 규정되는 것이 바로 노을이요 숫자다. 화이트헤드는 플라톤과 취지는 비슷하지만 이를 다르게 표현한다. 화이트헤드는 형상을 영원한 객체eternal objects라고 명한다. 따라서 순수하게 인간의 사고가 창작해 낸 것이 아니라 자연 안에 실재해 있다. 그것은 인간의 경험을 전제해야 하는 것이다. 결론적으로 말해 노을이나 숫자는 자연의 일부다. 이에 대해 화이트헤드는 이렇게 말한다.

"지각된 모든 것은 자연 안에 있다. 우리는 자연과 비자연을 분류하거나 선택할 수 없다. 우리에겐 저녁의 붉은 노을red glow of the sunset도 과학자들이 그 현상들을 설명하는 분자나 전자파만큼이나 자연의 일부이다."[18]

이제 화이트헤드 철학이 새로움이나 차이와 관련된 문제들 중 주관주의의 문제를 어떻게 해결하려 하는지 알 수 있다. 물론 인간의 주관은 중요하다. 그것이 없이 여건은 종합되지 않는다. 특히 새로움과 차이로 간주되기 위해서는 과거의 여건들에는 없었던 것으로서의 진정한 새로움과 차이가 만들어져야 한다. 왜냐하면 그것은 주체가 여건을 종합하는 형식, 그 형식에 동원되는 주체의 목적 등이 작용하기 때문이다. 이런 점에서 화이트헤드 역시 주관주의를 일정 부분 허용한다.

하지만 화이트헤드는 데카르트나 칸트처럼 주체의 방향에서 대상의 방향으로 움직이는 주관주의를 주장하지 않는다. 주관은 객체가 던져 준 영향력에 의지하여 작동하며, 그것이 전제되어야 새것의 증가가 일어날 수 있는 조건이 갖추어진다. 또한 주관주의와 연결되는 핵심 개념으로서의 개념적 파악은 물리적 파악이라는 전제와 더불어서만 작동하며, 종합의 주체로서의 주체적 형식과 목적 역시 객체로서의 여건이 주어질 때 작동함을 인정하는 주관주의다. 이런 이유로 화이트헤드는 자신의 주관주의를 '개혁된 주관주의의 원리reformed subjectivist principle'라 일컬었다. 따라서 화이트헤드의 개혁된 주관주의는 어찌 보면 주관이 작동하기 위한 조건으로서의 무의식, 비감각적 시각 등을 강조하는 특징을 지니게 된다.

화이트헤드에게 새것은 진정한 새것이다. 그러나 그렇다고 해서 그것은 과거의 여건과 비교할 때 일종의 대조 혹은 대비를 일으키지 결코 이분화가 일어나지는 않는다. 그러므로 우리 앞의 자연은 어제와 동일한 반복으로서의 자연이기도 하지만 동시에 진정한 의미의 새것으로서의 자연이다. 그러나 그런 새것은 전적으로 주관의 산물이 아니며, 과거의 여건들이 전제된 상태에서 나온 것이기 때문에 이분화는 없으며 단지 대조만이 있을 뿐이다.

3

"과정 속에도 동일성은 있다": 자기화와 동일성

어떤 면에서 볼 때 전통적으로 서구철학의 핵심 주제는 언제나 '동일성'의 문제와 직결되어 있었다. 여기서 말하는 동일성이란 어떤 임의의 주체와 동시적contemporarily으로 주변에 존재하는 타자 사이의 동일만을 말하는 것이 아니다. 여기서는 그것은 물론 모든 사물들 각자가 소유하고 있는 자기-동일성self-identity을 주로 지칭한다. 특히 철학사에서 '동일성의 문제'란 하나의 임의의 존재(예를 들면 인간의 주체)가 과거의 자기 존재(혹은 과거 시점의 주체)와 현재의 자기 존재(현재 시점의 주체) 그리고 미래의 자기 존재(미래 시점의 주체)가 시간의 경과와 변화를 겪으면서도 여전히 동일함을 보존할 수 있는지를 다루는 것이다. 이런 문제들이 해명되지 않으면 인간의 주체성이나 영혼의 지속성에 대해 말하기 힘들고, 또한 그런 지속성이 전제되지 않는 한 인간의 모든 행동이 단지 우연적인 산물로 간주될 것이기 때문이다.

따라서 플라톤과 데카르트와 칸트를 거쳐 오늘의 생성과 과정철학에 이르기까지 '존재', '실체', '형상', '주체' 등의 개념들은 모두 이런 '동일성의 문제'를 다루는 것을 중요하게 생각해 왔다. '존재'란 생성과 소멸 속에서도 지속적으로 '동일한' '존재'가 있느냐는 것을 다루는 개념이다. 실체는 생성과 소멸하는 사건들의 밑바탕과 근본이 되는 '동일한' 실체적substantial 사건이 있느냐를 다루는 개념이다. 형상이란 생성과 과정 속의 사물이 그 물질적인 면은 변화를 겪음에도 불구하고 그것의 초월적인 면으로서의 형상은 불변하고 '동일'하다는 것을 주장하기 위해 동원된 개념이다.

이렇게 동일성의 문제를 다룰 때 다양한 개념이 활용되는 것만 보아도, 그만큼 이 문제를 다루는 것이 간단치 않다는 것을 보여 준다. 특히 오늘의 철학은 해체와 무, 회의주의를 전면에 내세운 포스트모던 운동의 도전에 직면하면서 동일성을 구제하는 데 커다란 어려움을 느껴 왔다. 최근 가장 인기를 끌고 있는 들뢰즈Gilles Deleuze의 철학이나 라캉의 철학도 이 점에서는 마찬가지 어려움에 직면하고 있다고 볼 수 있으며 그들의 중요한 철학적 관심사 중 하나도 동일성을 구하는 문제였다고 말해도 과언은 아니다.

따라서 동일성의 문제는 비단 전통철학 혹은 서구의 근대철학만이 직면하고 있는 문제가 아니다. 특히 첨단의 모든 현대철학들 중에서도 생성과 과정의 철학은 동일성의 문제를 다루는 것을 가장 큰 과제로 떠맡아 안고 있는데, 그 이유는 생성과 과정의 철학이 유명해진 근본적인 이유가 동일성을 해체해 버렸다고 알려져 있기 때문이다. 과정철학이 생성과 소멸을 반복하는 존재를 말하고 그것이 단지 과정 속에서만 존재한다고 말하면서 주로 변화와 차이에 중점을 둘 때, 결국 과거와 현재에 동일함을 반복하는 존재를 긍정하는 것이 거의 불가능하다는 평가를 들을 수도 있다.

그렇다면 화이트헤드 철학은 실제로 이 문제를 어떻게 다루는가? 과연 화이트헤드는 과정철학으로 인해 자기-동일성을 말할 수 없는가? 그의 과정철학이 모든 실체를 부정했다면 그야말로 동일성도 부정한 것이 아닌가? 화이트헤드는 정말 실체를 부정했고 그렇기 때문에 동일성도 부정했는가? 여기서 진실은 무엇인가?

일차적으로 화이트헤드가 실체를 부정하는 듯이 보이는 것은 사실이다. 이에 대해서는 이미 앞에서 다루었으므로 더 이상 논의할 필요가 없다. 시간의 흐름 속에 있는 모든 사물과 존재는 생성한 후 소멸해 버린다고 말했기 때문이다. 그러나 화이트헤드가 실체를 부정한 면이 있는 것은 분명한 사실이지만 이는 오로지 한 면만을 본 것이다. 화이트헤드의 주장을 조금 더 면밀히 들여다보면 화이트헤드의 실체론은 분명히 다르게 해석될 수도 있다.

결론적으로 말해 화이트헤드는 실체를 완전히 부정하지 않았다. 아니, 오히려 정확히 말하면 화이트헤드는 그 자신만의 방식대로 실체를 새롭게 긍정했다. 특히 실체에 대한 잘못된 이해는 버리고 보다 실질적이고 매끄러운 설명을 주려고 부단히 노력했고, 그런 가운데 화이트헤드는 동일성을 긍정할 수 있는 여러 철학적 개념을 소개했다. 나아가 그런 노력의 일환으로 하나의 체계가 필요하다고 생각하며 새로운 형이상학을 제시했다. 그러므로 보다 정확히 말하면, 화이트헤드 철학은 주체와 실체를 세우려 하되 그것을 새로운 형이상학적 방법론을 사용해 변혁적으로 시도했다 말할 수 있다.

화이트헤드의 이런 새로운 방법론을 이해하기 위해, 우리는 먼저 몇 가지 개념들을 이해해야 한다. 그리고 그런 개념들 중에서 우리가 상세히 토론해야 하는 가장 중요한 것은 다자와 일자, 그리고 창조성이라고 불리는 궁극자의 범주다. 이 세 개의 개념에 근거하지 않고서는 그 어떤 다른 개념도 설명할 수 없고, 그중 특히 새로움과 차이를 설명할 수 없다. 이런 이유로 일一과 다多, 창조성은 궁극적인 범주에 속하는 것으로 불린다. 그런데 이런 개념들이 어떻게 새것과 차이를 설명하는지는 앞장에서 대략 밝혀졌으므로, 여기서는 앞에서 우리가 사용했던 화이트헤드의 명제를 통해 이들에 대해 이해해 보자.

우리는 앞에서 "다자는 일자가 되고 하나만큼 증가한다many becomes one and increased by one"라는 화이트헤드의 명제에 대해 살펴본 바 있다. 여기서 과거로부터 주어진 여러 개의 여건은 현재의 인식아가 행하는 종합에 의해서 일자가 된다고 했다. 그리고 그렇게 일자가 발생함으로써 전체 우주, 즉 다자의 세계에는 새로움이 발생한다. 증가한다는 말은 바로 이런 의미다. 현재의 증가는 과거와 비교해 차이로 간주될 수 있고 새로움으로 간주될 수도 있다. 나아가 이 과정은 일종의 자기화의 과정이라 할 수 있다. 왜냐하면 과거의 여건들을 현재의 입장에서 종합했을 때 새로운 일자가 발생했다면 그것은 현재의 주체의 입장에서 과거의 것을 현재의 것으로 만드는 자기화가 이루어진 것이기 때문이다. 우리는 앞에서 화이트헤드가 주체적 형식과 주체적 목적이라는 용어를 사용해 어떻게 주체화와 사유화의 과정을 설명해 내는지를 보았다. 비록 화이트헤드 체계 내에서 '주체'라는 말은 선호되는 개념이 아니지만, 그것이 '주체-자기초월체subject-superject'로 연결되어 이해된다면 허용이 가능한 개념이다. 즉 화이트헤드의 주체는 언제나 생성되자마자 소멸하므로 그저 단순히 주체로서 존립하지 않는다. 그것이 후속하는 사건에 영향을 끼치면서 이행되어 넘어갈 때 그것은 비로소 주체적 역할을 한다. 그러나 엄밀한 의미에서 이때는 이미 주체성을 잃은 후다. 따라서 화이트헤드에게서 주체보다는 '자기초월체'라는 말이 선호된다.[19] 혹은 주체는 항상 '주체-자기초월체subject-superject'로 함께 묶여 표현되어야 온전하게 된다.

이렇게 해서 화이트헤드에게서 주관주의가 극복되는 것이다. 또한 이것에 근거해 화이트헤드 과정철학은 새것과 차이에 덧붙여, 어쨌든 주체적인 자기화의 과정에 대해서 말할 수는 있었다. 비록 그 주체는 '자기초월체'라는 각도에서만 특징이 드러나지만 그것 역시 과거와 구별되는 차이를 만들어 낸다는 점에서는 일종의 주체적 자기화라 해석될 수 있기 때문이다.

그런데 여기까지 설명된 것은 단지 새로움과 차이 및 주체적인 자기화에 대해서일 뿐이다. 아직 동일성에 대해서는 충분히 설명되지 않았다. 즉 과정철학이 모든 것을 과정으로 설명할 때, 이제까지 언급된 것은 단지 여럿이 하나가 되고 자기화가 이루어지는 과정일 뿐 그 이상을 설명할 수 있을지는 여전히 의문을 가질만하다. 왜냐하면 과정철학의 핵심 주장은 모든 사물이 하나의 과정이 되어 경험하는 동안만 존재하고 곧 사라진다는 것이었기 때문이다. 그러므로 하나의 과정이 새것도 되고 차이도 일으키고 자기화도 일어난다는 것은 멋진 설명이 될 수 있으나 그 이상은 아니지 않은가? 즉 그 하나의 과정 역시 새것이 되고 나서, 그리고 차이가 되고 나서, 그리고 주체화를 이루고 나서는 곧바로 사라지지 않겠는가?

물론 과정철학에서 모든 존재는 단지 과정적으로 경험하는 동안만, 정확히 그만큼만 존재한다. 이 말은 모든 사물이 존재하자마자 곧 소멸한다는 뜻이다. 그러나 과거는 사라지지만 동시에 흔적과 기억으로 현재에 영향을 끼치며 남는다는 것이 추가되기는 했다. 문제는 그렇게 남는 것이 어떻게 여전히 동일하게 남을 수 있는가 하는 것이다. 과거가 현재에 남는 것은 알겠는데, 어떻게 미래에도 그럴 수 있을 것인가? 이런 질문에 대한 답변이 가능해야 온전한 의미의 주체적인 동일성에 대해서 말할 수 있다. 이제 화이트헤드 철학은 다른 설명 도구를 추가해야만 한다.

화이트헤드가 이런 질문에 대해 답변하기 위해 마련한 것이 이른바, '형성적 요소formative elements'라는 개념이다.[20] 여기서 형성적 요소란 영원한 객체, 창조성, 신을 가리킨다. 그러나 이에 대해 자세히 설명하는 것은 토론의 초점을 흐릴 염려가 있기에 여기서는 다루지 않고 다음 장에서 소개하겠다. 대신 우리가 이미 언급한 개념들만을 사용해 화이트헤드가 주체적인 것과 그것의 동일성을 어떻게 설명하는지 간단히 보기로 하자. 우선 화이트헤드가 사용한 사례를 직접 인용해 보

자. 그것은 이미 전에 언급한 바 있는 추상화에 대한 것이다.

날마다 때마다 우리는 자연의 덧없는 삶 속에서 어떤 덩어리 chunk를 발견할 수 있고, 그 덩어리에 대해서 이렇게 말할 수 있다. "클레오파트라의 바늘(기념비)이 있다." 만일 그 기념비를 충분히 추상적인 하나의 방식으로 정의한다면, 그것은 결코 변화하지 않는다고 말할 수 있다. 그러나 전자들의 춤으로 자연의 삶의 한 부분들을 관찰하는 물리학자는 당신에게 이렇게 말할 것이다. 즉 그것은 매일 어떤 분자들을 잃고서 다른 것들을 얻었노라고 말이다. 그리고 평범한 사람들도 관찰할 수 있으니, 즉 그것은 더욱더 때가 묻고 또한 때때로 깨끗해지기도 한다는 것을 말이다. … 당신의 정의definition가 더욱 추상적이 될수록 그 기념비는 더욱 영속적이 된다.[21]

지나가는 행인들은 기념비 주위를 통과하고 오고 가면서 매일 의식적으로든 무의식적으로든 그 기념비를 바라보게 된다. 물론 그 기념비는 항상 그곳에 있다. 그런데 매일 아침 그 기념비를 관리하는 공무원이 있다고 치자. 그에게도 그 기념비는 항상 그곳에 같은 모습으로 서 있다. 어느 날 그 관리인이 그 기념비에 대해 다른 사람에게 설명해 주고 있다고 하자. 설명과정에서 관리인은 보다 많은 언어와 표현이 필요하게 된다. 그리고 이 과정에서 오랫동안 기념비를 관리해 온 관리인은 기념비에 낀 땟자국이나 새롭게 생성된 균열을 느끼면서 이전과 달라진 차이를 느끼게 될 것이고 그것을 설명하려 할지 모른다. 반면 행인들에게는 기념비가 관리인과는 다르게 보일 것이다. 행인들에게는 순간마다 달라지는 모습보다는 지속되는 기념비의 모습, 즉 일자the one로서 그곳에서 어제나 오늘이나 계속 존재하고 있는 기념비를 보게 될 확률이 높다. 그런데 여기서 시간을 통과하면서 지속하면서 존재하고 있는 기념비를 본다면 그것은 추상된 것이다. 본래 기념비에는 분명히 많은 변화가 일어났지만, 그것을 계속 동일한 하나의 기념비로 본다는 것은 추상화抽象化, abstraction를 통해서라는 말이다. 그리고 추상화란 시시각각 주어진 여러 여건 중에서 단지 그것을 응시하는 사람에게 중요하게 보이는 것만을 추출해서 상을 만들 때 탄생하는 것이다.

　추상화란 이렇게 다자가 일자가 되고 영속화될 때 발생한다. 물론 추상화란 인간의 인식과정에 꼭 필요한 매우 효율적인 사고 수단이다. 추상화 없이 인간은 일자the one를 만들 수 없으며 지속하는 실체로서의 기념비도 생각할 수 없다. 이렇게 추상화는 일자와 동일성을 만드는 데 기여한다. 모든 변화하는 것은 추상화를 거쳐 동일함으로 바뀐다. 물론 모든 사물은 예외 없이 변화를 겪는다. 기념비도 변화하고 관리인도 변할 뿐만 아니라, 그의 경험도 매일매일 계절마다 순간마다 달라진다. 그러나 관리인은 자신의 지성과 상상력을 사용하여 그렇게 변화하는 경험 중에서 공통으로 존재한다고 믿는 여건들을 서로 관계시킨 후 그것을 하나로 만든다. 그런데 만일 그 관리인이 하나로서 인식된 기념비가 변화하지 않고 그곳에 계속 존속하고 있다고 믿는다면 바로 그것이 추상화이며, 관리인의 이런 추상화 과정에서 여러 다른 여건들은 무시되거나 부정된다. 예를 들어 위에서 언급된 물리학자의 경우처럼 기념비 속의 분자들은 날마다 변하고 있지만 관리인에게 그것은 무시된다. 또한 만일 예술가의 관점에서 보면 기념비에는 때나 그 밖의 불순물도 끼어 있을 수 있다. 그러나 단지 관리인이라는 인식아의 관점에서 볼 때 만일 변화하지 않는 기념비만이 중요하게 느껴진다면, 그래서 그런 변화하지 않는 동일한 기념비를 가정하게 된다면 생성된 균열이나 땟자국과 같은 부수적인 속성은 무시되고 그저 일자로서의 기념비만 유지된다. 바로 이렇게 여타의 여건들을 버리고 단지 영속하는 일자만 남기는 것이 추상화의 산물인 것이다. 이런 식으로 동일성은 추상화에 의해 탄생하는 것이다.[22]

그런데 여기서 화이트헤드는 동일성이라는 용어와 연관된 오해, 즉 전통적으로 실체와 주체와 연결되어 동일성이 발생시킨 여러 오해를 피하고자 다른 표현을 사용해 동일성을 설명하려 한다. 그것이 바로 '사회society'라는 개념이다. 물론 여기서 사용되는 개념으로서의 '사회'는 우리가 평소 사용하는 '사회'라는 단어와 일부 공통적인 요소를 갖고 있지만, 이 역시 매우 전문적인 뜻을 담고 있는 화이트헤드 특유의 용어이다. 한마디로 말해 여기서 사용되는 '사회'라는 용어는 여건들이 결합되어 동일성을 유지할 때 그런 결합성과 동일성을 동시에 의미하는 말이라 할 수 있다. 분명한 이해를 위해 이에 대해 보다 구체적으로 설명을 시도해 보자.

즉 예를 들어 전자, 양성자, 중성자와 같은 미립자들이 과정이라는 순간 속에서 생성하고 소멸하고 있다는 사실에 천착해 보자. 미립자들은 생성되자마자 소멸하므로 순간 속에 담길 수 없다. 화이트헤드는 이를 소우주적microcosmic 사건이라 명하면서, 이런 사건들에는 시간 개념을 적용할 수 없다고 말한다. 시간이란 무엇인가가 유지되는 '순간'을 가져야 하는데, 미립자 사회의 사건들은 하나의 단위로 결합될 수 없을 만큼 너무 미미한 존재라서 어찌 보면 순간을 살지도 못한다. 미시적 사건은 생성하고는 곧장 사라지므로 시간 속에서 자신의 존재를 유지하지 못한다는 말이다. 그러나 그런 사건들을 하나로 종합한 후, 주체적인 관점에서 일자로 결합된 것이 시간속을 여행하면서 그 자체를 유지하고 있는 것으로 본다면 그 것은 일종의 동일성이라 불릴 수 있다. 바로 이렇게 사건들의 결합체 중에서 시간의 흐름 속에서 자신의 특징을 동일하게 유지하는 것을 사회라 명명한다. 그리고 이는 화이트헤드에게 미시적 우주와 구별하기 위해서 거시적macrocosmic 우주로서 결합된 것이라 불리기도 한다.

이제까지 우리는 화이트헤드에게서 주체적인 것과 그것의 동일성이 어떻게 구제되는지 살펴보았다. 그리고 그것은 인간의 추상화 능력 덕분이라 설명했다. 이렇게 추상화는 인간의 사고에 매우 효율적인 도구이다. 그런 면에서 추상화는 철학적으로 하나의 유익한 수단이기도 하다. 왜냐하면 이미 수차례 말한 대로 그것으로 인해 종합이 일어나며 동일성이 확보되기 때문이다. 이때 (종합이 일어난다는 것은 물론 과거 여건들의 종합이지만) 종합의 순간에서 인간은 자신의 목적에 부합하는 여건을 취사선택해 인식한다. 그래서 추상화는 취사선택이며 버리는 행위, 즉 사상화捨象化이기도 하다. 그런데 이런 추상화 덕분에 일종의 가치가 발생하고 문명으로 이어진다. 추상화에게서 어떻게 가치가 발생하고 문명이 나오는지 잠시 살펴보자.

간단히 설명하면, 추상화는 일종의 정신적 파악이라서 그 앞의 물리적 파악을 넘어선다. 그리고 바로 그 이유로 가치와 문명을 발생시킨다. 예를 들어 한 남성이 임의의 여성에게 매력을 느끼는 경우, 거기서는 모든 사물에서처럼 물리적 파악이 우선이다. 매력을 느끼는 것은 미적aesthetical이고 감성적이므로 여기까지는 아직 도덕이 발생하지 않는다. 그저 미적 느낌이 있을 뿐이다. 그러나 정신적 파악이 작동할 때는 다르다. 즉 해당 여성에게 느낀 매력을 그 남성이 하나의 개념적 느낌을 통해 정신적인 여건, 즉 이른 바 영원한 객체를 통해서 한정하려 할 때는 일종의 정신적인 가치가 발생한다. 다시 말해서 한 남자가 여성에게 매력을 느끼는 행위의 첫 단계에서는 아직 제한과 한정이 발생하지 않는다. 그러므로 육체적이고 즉물적인 감성과 관련된 여건들만이 해당 남성의 주체 안에서 우선적으로 작동하게 된다. 그리고 이런 물리적 파악의 단계에서는 아직 해당 여성에 대해 아름답다고 느끼는 감성적 느낌, 즉 긍정적인 느낌만이 있을 뿐이다. 물론 동시에 부정적인 경우 혹은 최악의 경우에는 물리적 판단이 남성으로 하여금 비윤리적이고 비도덕적인 행위와 연결되도록 추동할 수도 있다. 그런 점에서만 보면 모든 인간은 우선적으로 짐승의 성향과 동물성에 의해 좌우된다.

그러나 여성에 대해 감성적으로 느끼는 단계에서 갖게 된 여러 여건(물리적 느낌으로서의 향수 냄새, 그로 인한 코의 자극, 그로 인한 성적 호르몬의 생성 등의 여건) 중에서, 주체로서의 남성이 그런 물리적 느낌으로 수용된 여건을 넘어 자신의 정신에서 끌어온 개념을 적용해 취사선택한다면 얘기는 달라진다. 즉 그 여성에게 전달된 동물적 매력과 같은 여건을 그 남성적 주체가 개념적 파악을 통해 어떤 개념으로 한정하는 순간(예를 들어 그 여성의 정신적인 고상함을 생각한다든가, 아니면 그녀를 하나의 온전한 인격체로서 보면서 한정하는 순간) 남성의 동물적 욕망은 억제된다. 여성과 남성 사이에는 이제 인간과 짐승이라는 저급한 관계가 적용되지 않고, 인격과 인격이라는 온전한 도덕적 인간관계가 맺어지는 것이다.

혹은 그 남성에게 그녀가 여전히 너무 매력적으로 느껴졌지만, 자신이 감당할 수 없다고 느낀 나머지 남성이 자신의 주체 내에서 느꼈던 물리적 느낌과 연결된 동물적 여건들의 작동을 인위적으로 막은 다음, 그 남성이 해당 여성과 밀접한 관계를 맺으려 하기보다는 그저 외로움과 고독함을 택하기로 했다면 다른 결과가 나오게 된다. 예를 들어 남성이 자신에게 발생된 고독을 달래기 위해 예술작품을 만들어 내는 것에 관심을 돌리는 것으로 자신의 감정을 승화시켰다면 그 순간 하나의 문명이 발생한다. 이것이 바로 추상화가 만드는 가치이다.

이렇게 추상화는 인간에게 매우 유용한 가치를 지닌다. 과학이나 법에서도 추상화는 매우 유용하다. 종種이라는 개념은 바로 추상화의 산물이다. 여러 특수한 개별자들의 공통적 특성을 따라 형성된 것이기 때문이다. 그것 없이 생물학은 성립되지 않는다. 만일 법체계에서 인간의 주체적 동일성이 전제되지 않으면 범법자들에게 그 어떤 법리적 제재도 가할 수 없는데 바로 이런 동일성이 추상화의 산물이다.

그러나 추상화는 문제도 많이 일으킨다. 화이트헤드의 과정철학은 추상화가 인간에게 선물한 장점들에 대해서 언급하는 것을 넘어 그것이 인간의 철학에 일으킨 수많은 문제점들에 대해서도 꼼꼼히 지적하기를 주저하지 않는다. 그런 배경에서 화이트헤드는 철학의 주목적이 추상화에 대한 설명과 비판에 있다고 말했다.[23]

추상화로 인해 발생한 문제점 중 근대의 철학자들이 저지른 가장 치명적인 오류로 화이트헤드가 꼽는 것은 바로 자연의 이분화이다. 그러나 이에 대한 토론은 이미 앞의 2장에서 충분히 이루어졌으므로 여기서는 다시 다루지 않기로 한다.[24] 단지 여기서는 추상화가 만들어 낸 또 다른 약점의 문제, 즉 실체와 주체 이론과 관련해 발생하는 문제에 대해서 화이트헤드가 어떻게 해명하는지만 살펴보는 것으로 마무리하기로 한다.

앞에서 화이트헤드의 입장을 설명하면서, 우리는 모든 사물에 실체나 주체를 구성하는 동일성이 없다고 말한 바 있다. 그것은 언제나 생성, 소멸하기 때문이다. 그럼에도 불구하고 화이트헤드는 실체나 주체를 설명할 수 있다고 인정했다. 즉 진정한 실재는 생성과 소멸의 과정뿐이고 그것이 우선적이지만, 그런 과정 속의 사물들이 시간을 겪으면서 과거-현재-미래를 통해 종합되고 하나로 탄생하며 영속된다고 간주될 때, 인간은 추상화에 의지해서 실체나 주체와 같은 동일성을 상정해 낸다. 어떤 이들에게는 화이트헤드가 실체와 주체를 부정한다고 말했다가, 이제 그것을 긍정하는 취지의 발언을 하는 것이 혼동을 일으킬 수도 있다.

그러나 여기서 화이트헤드는 우리를 혼동시키지 않는다. 화이트헤드가 아무리 실체와 주체를 성립시키는 발언을 서슴지 않더라도, 그것은 언제나 과정이 우선이고 실체는 부차적이라는 기본 원칙을 벗어나지 않는 한도 내에서다. 나시 밀해서 과정이 실재적인 존재이고 실체나 주체는 그것으로부터 추상화된 것이라 말하고 있다.

하지만 여기서 한 가지, 다음과 같은 질문이 제기 될 수 있다. 즉 만일 실체가 없다면 무엇이 변화하는가? 변화한다는 것은 실체와 같이 시간의 흐름 속에서도 지속되는 어떤 것, 말하자면 실체가 있어야 하는 것 아닌가? 지속 없이 변화를 겪는 것이 가능할까? 생성 후에 곧장 소멸하는 과정이 어떻게 변화를 겪을 수 있을까?

다시 말하면 우리는 통상적인 언어에서 어떤 것이 변화한다고 즐겨 말하곤 한다. 앞의 기념비의 사례를 토론할 때도 언급되었지만, 과학자와 예술가에게는 기념비가 변화하는 사실에 초점이 맞추어진다고 말했다. 이에 반해 관리인이나 일반 관광객은 그것이 영속하는 것, 즉 변화하지 않고 동일성을 유지하는 면에 초점이 맞추어진다고 분석했다. 그렇다면 여기서 변화하고 있는 것은 무엇인가? 만일 기념비에 실체가 있다면 그런 면에서 기념비는 변화한다고 볼 수 있다. 그러나 실체가 실재가 아니라면, 그래서 생성과 소멸하는 과정적인 존재가 우선적이면 도대체 어떻게 변화가 있을 수 있는가?

이 문제가 중요한 이유는 앞에서 추상화에 대해서 토론하면서, 생물학의 종種이나 법리 공방에서 주체의 동일성을 가정하는 것이 중요하다고 말할 때 이미 암시되었다. 만일 어떤 범법자의 주체와 실체가 없어서 변화하지 않는다면, 우리는 그를 결코 감옥에서 풀어 줄 수 없을 것이다. 변화가 있어야 그를 용서할 수 있기 때문이다. 다시 말하지만 실체가 없고 주체도 없는데 무슨 변화인가? 변화한다면 도대체 누가 변화하는 것인가?

화이트헤드는 이 문제를 다음과 같이 해결하려 한다. 우선 과정철학은 생성과 소멸의 철학이다. 화이트헤드는 여기서 생성과 소멸을 겪는 모든 존재자를 '현실적 존재actual entity'라고 명한다. '현실적'이란 용어의 의미는 따로 공간을 마련해 설명이 필요할 만큼 복잡하다. 따라서 여기서는 그저 생성과 소멸을 겪는 과정적인 존재를 현실적 존재라 칭한다는 것만을 기억하자. 그러므로 '현실적 존재'란 이미 앞에서 열거한 대로 전자와 같은 미립자는 물론 인간과 그의 사회 그리고 우주와 신 모두를 지칭한다. 그들은 한결같이 생성과 소멸을 겪는 과정적 존재이기 때문이다. 그런데 여기서 현실적 존재를 말하면서 그것이 생성과 소멸을 '겪는다'는 표현을 사용하고 있다면, 곧 현실적 존재가 하나의 단위 존재라는 것을 의미한다. 어떤 하나의 단위가 될 수 있는 존재가 없다면, 그곳에는 어떤 경험을 겪을 수 있는 존재도 없기 때문이다.

이렇게 화이트헤드에게 현실적 존재는 경험을 향유하는 하나의 주체로서 원자와 같은 궁극적 단위의 존재이다. 그런데 현실적 존재는 때로 현실적 계기actual occasion라고 불리기도 하는데, 그것은 존재라고 하기보다는 경험을 향유하면서 생성하고 소멸하는 사건으로서의 의미를 강조하기 위함이다. 특히 전자electron와 같이 미시적인 것은 하나의 단위 존재로서 경험을 향유하기는 하지만 그것의 특징이 생성하고 소멸하며, 순간순간 나타났다 사라지는 특징을 지니므로 계기occasion(혹은 사건)라고 불린다.

그러나 현실적 존재이든, 현실적 계기이든 실체가 아니며 과정 속에서 생성과 소멸을 겪는 존재라 했기에 현실적 존재가 변화를 겪는다고 말할 수는 없다. 언제나 변화하는 모든 것은 실체가 있어야 변화하는 것인데, 생성과 소멸하는 것은 변화할 것이 없기 때문이다. 짧은 순간들 사이에서 생성했다 사라지는 어떤 것은 변화를 겪을 틈이 없다. 그러나 화이트헤드의 철학에서 현실적 존재는 하나의 단위 존재라 했으므로 변화는 아니지만 생성과 소멸을 겪을 수는 있다. 아니 정확히 말하면 생성했다 소멸하는 바로 그 단위의 존재가 현실적 존재라 명명된다는 것이 더 정확한 표현이 될 것이다.

그러므로 화이트헤드는 변화라는 의미에 대해서 하나의 분명한 구별 짓기를 하고 있다. 즉 실체의 개념을 거부하는 과정철학에서 현실적 존재는 비록 한 단위의 개별자이기는 해도 결코 변화하는 존재는 아니다. 실체로서의 동일성이나 혹은 주체로서의 동일성을 갖지 않는 어떤 존재도 변화를 겪을 수 없기 때문이다.

그런데 어쨌든 화이트헤드가 말하는 현실적 존재는 종합된 후에 그것을 따져 보면, 과거와 다르게 차이도 갖게 되고 새 것도 갖게 된다는 의미의 변화가 생겨난다. 따라서 이런 뜻에서 우리는 여기서 변화의 의미에 대해 구별해야만 한다. 화이트헤드는 현실적 존재가 불변하는 하나의 존재로서 반복되는 것은 아니지만, 그것은 언제나 새로움을 창출하면서 연속된다고 말한다. 즉 현실적 존재는 동일자로서 반복되지 않는다. 그러기에 화이트헤드는 현실적 존재에 통상적인 의미의 변화라는 개념을 절대 적용하지 않는다. 이미 말한 대로 전통 철학에서 변화란 실체로서 존재하는 궁극적 단위 존재가 스스로 본질은 변화하지 않으면서 단지 속성만 변화하는 경우에 사용되는 말이기 때문이다. 현실적 존재는 생성 소멸하므로, 그것이 만드는 차이는 그저 연속되는 생성이고 연속되는 소멸일 뿐이다. 그런 의미에서 바꿈의 연속은 있어도 변화는 없다.[25]

이런 구별이 중요한 이유는 변화하는 어떤 실체가 만들어 내는 차이는 진정한 의미의 차이가 아닐 수 있다는 과정철학의 신념 때문이다. 즉 그런 실체에는 본질적으로 바뀐 것이 없다고 볼 수 있기 때문이다. 화이트헤드는 불변하는 것에는 변화가 있어도 결코 진정한 변화가 아니며 진정한 의미의 차이도 일어나지 않는다고 주장한다. 또한 모든 것이 생성 소멸한다는 전제에서 출발한 과정철학은 궁극적 단위 존재의 본질마저 바뀌는 사실을 강조한다. 화이트헤드가 생성과 소멸을 겪는다는 표현을 사용하는 이유는 바로 변화라는 표현을 대체하기 위함이다. 그리고 그것은 진정한 의미의 차이와 새것이 가능하다는 것을 말하게 한다.

반복이라는 말도 마찬가지다. 엄밀히 말해서 생성과 소멸을 겪는 현실적 존재는 반복하는 것이 없다. 과거가 현재 속에서 지속되어도 그것은 이미 소멸을 겪은 다음에 생성 속에서 지속되는 것이다. 그런 점에서 동일한 것은 반복되지 않는다. 과거가 지속되기는 해도 반복되지 않는다는 말은 이런 의미에서다. 그리고 이것 역시 과정철학적인 사유가 진정한 의미의 차이를 말할 수 있다는 점을 보여 준다.

3

현실적 존재의 형성과 궁극자

이제까지 우리는 여러 논증을 통해 화이트헤드가 어떻게 주체성의 발생과 동일성의 확보를 설명하는지 살펴보았다. 그 과정에서 화이트헤드가 사용하는 여러 종류의 신조어와 마주쳤으며, 그의 형이상학적인 체계에서 사용되는 낯선 범주의 용어들과도 조우하게 되었다. 우리 모두가 이젠 이런 새로운 용어들에 제법 익숙해 가는 단계에 있는 것은 사실이지만, 아직도 많은 개념은 그것에 동반된 생경함으로 인해 모호한 의미로 남아 있는 것도 사실이다. 이런 모호함과 생경함의 일차적인 원인은 화이트헤드의 철학이 품고 있는 내용의 깊음과 폭에 있는 것이므로, 우리가 화이트헤드가 축조한 형이상학적 체계를 이해하는 데 있어 일정 수준의 단계에 도달하기 전까지는 그 난해함이 완전히 사라지지는 않을 것이다.

　이하에서 우리는 화이트헤드의 형이상학에 대한 기본적인 이해는 물론 그 전문 용어들이 그의 형이상학적 체계 내에서 어떤 위상을 차지하고 있는지, 그리고 그것들이 서로 어떻게 유기적으로 관계를 맺고 있는지 기초적으로라도 탐구하면서 화이트헤드의 철학이 품고 있는 깊이와 폭에 조금 더 접근해 보고자 한다. 설명이 진행되면서 화이트헤드의 개념들이 전통철학적인 개념과 어떻게 비교되고 대조되는지에 대해서도 토론을 곁들일 텐데, 이를 통해 우리는 화이트헤드의 신조어들에 보다 익숙하게 될 수 있을 것이다.

1
현실적 존재(현실적 계기)

화이트헤드의 철학에서 가장 쉽고 흔하게 접하는 개념은 현실적 존재actual entity이다. 현실적 존재는 여러 철학적 입장과 연계되면서 화이트헤드 철학 내에서 매우 중요한 의미를 갖는다. 따라서 우리는 그 개념의 위상을 가급적 주도면밀하게 확인할 필요가 있다. 여기서 위상이라 함은 화이트헤드의 철학적 체계 내에서의 위상을 말함은 물론, 동서철학사 내에서의 위상을 말하기도 한다. 다른 철학의 개념과 비교해서 이해될 때 그 개념이 갖는 정확한 특징이 드러나게 될 것이기 때문이다.

현실적 존재에 대해 가장 간단하게 내릴 수 있는 정의를 먼저 다루어 보자. 우선 현실적 존재는 과정철학에서 거의 모든 논의에 적용되는바, 우주의 최종적 기본 단위를 말한다. 그렇다면 그것은 원자를 의미할 수도 있고 기반이 되는 존재를 의미할 수도 있다. 심지어 매우 위험하기는 하지만 때로는 실체를 의미할 수도 있다. 그러나 여기서 열거한 원자나 존재, 실체 등은 현실적 존재가 갖고 있는 의미 중에서 단지 부분적이거나 매우 제한된 의미만을 갖고 있다는 것이 문제다. 따라서 그들 모두 과정철학에서는 현실적인 존재가 가진 의미를 제대로 전달하기에 부적합한 표현들이다. 먼저 원자라는 개념과 비교해 보자.

과정철학에서 말하는 현실적 존재는 전통적인 의미의 원자와 공유하는 점이 많기는 하다. 우선 그것은 원자처럼 일종의 최종적 기본 단위의 존재라 했기 때문이다. 그러나 전통철학에서 원자는 고정되어 있는 불변의 단위 존재이므로 유동의 철학이 말하는 원칙에는 위배되는 개념이다. 물론 원자가 더 이상 쪼갤 수 없어 그 뒤로 더 이상 돌아갈 수 없을 정도로 최종적인 단위라는 의미에 국한할 때 원자와 현실적 존재는 분명히 같은 의미를 공유한다. 즉 원자가 가진 의미 중에서 과정사상이 긍정적으로 수용하고 싶은 의미는 '최종적 단위'라는 것이다. 특히 서구철학에서 원자는 미립자이론이나 쿼크이론이 나오기 전까지 최종 단위의 미시적 존재를 나타내는 어휘였다.

이렇게 화이트헤드에게도 최종 단위의 미시적 존재는 바로 현실적 존재이지만, 만일 우리가 단지 이런 면에만 천착한다면 사실 현실적 존재라는 용어보다 현실적 계기occasions라는 용어가 더 적합하다고 볼 수도 있다. 존재라는 말은 entity의 번역인데, 여기서 'entity'는 우리말로 "어떤 '것'"이라는 표현에서 바로 '것'에 해당하는 말이다. 따라서 우리말에서 '것'과 '존재'가 그리 다르지 않다고 본다면, 존재라는 번역어도 틀리지 않다. 하지만 존재는 언제나 전통적인 존재 형이상학이 다루어 온바, '존재'라는 용어가 일으킨 복잡한 형이상학적 문제에 연루되어 있기에 오해되기 쉽다. 특히 존재는 생성becoming의 반대 개념이기에 치명적인 약점을 갖는다. 그러므로 'entity'라는 영어의 뜻을 번역하면서 '존재'라는 어휘를 사용할 때, 우리는 단지 그 용어로서 번역자가 그저 어떤 '것'을 지칭하려 한다고 이해한다면, 그리고 나아가 그 용어를 생성의 차원에서 이해하려 한다면 올바른 셈이 된다. 이 점에서 화이트헤디안들이 'actual entity'를 현실적 존재로 번역할 때 '존재'라는 어휘는 바로 생성을 포함하고 있는 어떤 '것'을 말한다고 보면 정확하게 이해하는 것이다.

화이트헤드도 존재라는 어휘가 지닌 이런 오해의 가능성을 잘 알고 있었으므로 '현실적 계기actual occasions'라는 어휘를 끌어들였다. 여기서 '계기'에 해당하는 영어의 'occasion'은 그야말로 사건의 의미가 강하므로 생성이 가진 역동적 의미를 잘 표현하는 용어라 할 수 있다. 따라서 그 어휘가 갖는 장점은 그것이 최근의 자연과학이 발견한 유동과 생성의 철학에 더욱 어울리는 개념이라는 것이다. 왜냐하면 양자역학이 발견했듯이 우리의 세상에는 어찌 보면 '존재being'하는 어떤 것이 발견될 수 없다. 모든 것은 생성했다 사라지며, 고정되지 않기에 측정할 수 없다. 따라서 모든 것들은 계기이고, 사건이지 존재가 아니다. 특히 존재라는 어휘의 뜻이 지속적으로 유지되는 어떤 단위를 지칭한다면 말이다. 그리고 사실 엄밀히 말하면 존재는 단지 계기와 사건이 결합될 때 '있음'이 가능한 것이 아니던가?

따라서 화이트헤드를 비롯한 과정철학자들은 전통철학에 대해 비판을 전개할 경우 의도적으로 현실적 계기라는 말을 강조하여 쓴다. 단 국내 학계의 일각에서는 '계기'라고 번역하는 것보다 '사건'으로서 번역하는 것이 더 좋다는 주장도 있다. 계기와 사건은 각기 장단점이 있다. 계기라는 용어는 기회opportunity라는 말로 왜곡될 수 있는 것이 약점이다. 이에 반해 사건이라는 용어는 '기회'를 넘어서는 의미를 전달할 수 있지만, 미시적이고 물리적인 것보다는 거시적이고 사회적인 이미지가 강하다는 것이 문제다. 따라서 차라리 현실적 존재를 그대로 사용하는 것이 좋다고 보는 견해도 있다. 여하튼 우리는 여기서 현실적 존재나 현실적 계기라는 용어를 통해 화이트헤드가 전달하는 바가 생성의 기본 단위를 지칭하려 했다는 점을 이해한 것으로 만족하기로 하자.

현실적 존재를 '실체'로 보는 것에 대해서는 이미 앞에서 여러 차례 언급되었으므로 더 이상 설명할 필요가 없다. 실체는 정확히 생성이나 유동에 반대되는 개념이므로 오해를 더 많이 불러일으키는 개념이다. 따라서 화이트헤드 학계에서는 금기시되는 단어이기도 하다.[26] 그러나 만일 실체 개념을 '유동'과 '과정'과 교환 가능한 것으로 바꾸어 이해할 수 있다면 그래도 화이트헤드의 현실적 존재 개념이 가지고 있는 의미를 가장 잘 전달할 수 있는 것이기도 하다. 실제로 화이트헤드가 실체 개념을 대치하기 위해서 현실적 존재를 구상했다고 말한 적이 있기 때문이다.[27] 그러나 과정과 유동의 사상을 적용해 현실적 존재를 대체하는 것으로 실체를 이해한다고 해도 실체라는 용어는 커다란 오해를 불러일으키기 쉽다. 왜냐하면 화이트헤드의 체계 내에서 실체는 엄밀히 말해 현실적 존재들이 시간의 흐름 속에서 연속적으로 결합되어 있는 '동일자'를 지칭하기 때문이다. 실제로 화이트헤드 체계 내에서 실체란 사물의 동일성을 지칭하는 말이다. 그렇다면 화이트헤드 체계에서 실체는 더 이상 기본적 단위의 구실을 할 수 없다. 동일성이란 기본적 단위가 시간 축을 따라서 통일된 후에만 확보가 가능하기 때문이다. 이렇게 화이트헤드 철학에서 현실적 존재라는 단어로 지칭하려는 가장 큰 의미는 '최종적이고 기본적인' 단위의 존재이므로 실체를 최종적 기본단위로 보는 견해는 배제되어야 함이 마땅하다.

이젠 '현실적'이라는 뜻에 천착해 보자. 우선 '현실적'이라는 용어가 갖는 의미는 '현실적 존재'와 '존재'라는 어휘를 비교해 보면 쉽게 드러난다. 앞에서 말한 대로 상식적인 의미에서 '존재being'가 어떤 단위로서 '있음'을 나타내는 단어라면, 그것은 현실적 존재가 나타내려는 뜻에 가까운 단어이긴 하다. 하지만 그저 '존재'가 아니라 '현실적' 존재라고 기술하는 데는 과정철학 고유의 이유가 있다. 즉 과정철학의 입장에서 볼 때 존재라는 용어가 중요한 철학적 함의를 전달하는 데 결함이 있다는 것을 뜻한다. 그래서 '현실적'이라는 말이 추가된 것이다.

'현실적actual'이라는 용어로 화이트헤드가 전달하려는 가장 큰 철학적 함의는 '힘의 행사'에 있다. 물론 여기서 왜 갑자기 '힘'이라는 물리학적이며 정치학적인 용어를 끌어들여 설명을 시도하느냐고 의아해 할 수 있겠으나, 여기서 '힘'은 그저 영향력을 행사한다는 의미에 불과하다. 즉 단지 영향력으로서의 힘을 지칭하는 것이기에 그것은 어떤 경우 권력과 같은 것을 지칭할 수도 있으나, 우선 미립자와 미립자 사이에서 행사되는 물리적인 영향력을 말한다.

여기서 또 염두에 두어야 할 중요한 포인트는 우리가 '현실적'이라는 말로써 반드시 현재와 관련된 것만 생각할 필요는 없다는 것이다. 힘은 현재의 존재뿐 아니라 과거의 존재도 갖고 있기 때문이다. 따라서 화이트헤드 철학에서는 과거의 존재도 현실적으로 될 수 있다. 그것이 힘으로서 영향력을 행사하는 것이 분명하기 때문이다. 물론 이는 초심자들에게 혼동을 일으킬 수 있으므로 보다 주도면밀한 이해가 필요하다.

잘 알다시피 '과정'이라는 개념은 흐름과 유동을 기본으로 하기 때문에, 과정철학의 중요한 과제는 언제나 '과정'의 한 복판에서 어떻게 고정된 것을 설명해 내느냐 하는 것이다. 또 하나의 과제는 과정의 존재들은 언제나 고정되어 있지 않으므로 그들을 하나로 묶어 종합하는 것이다. 여기서 흐르는 시간 속에서 여러 개의 사물이 자료data로서(화이트헤드에게서는 여건으로 번역된다) 현재의 주체 속으로 들어오는 장면에 집중해 보자. 여기서 현재의 주체는 과거의 여건들을 종합하게 되는데,

이때 힘 혹은 영향력이 필요하다. 왜냐하면 여건들은 과거에서 현재에 있는 주체에게 그저 순순히 들어오지 않고 자신들 고유의 영향력을 행사하며 들어오기 때문이다. 따라서 이때 현재의 주체가 자신의 영향력을 행사하지 않는다면 종합은 결코 이루어지지 않을 것이다. 이렇게 본다면 여러 개의 여건이 하나가 되어 종합이 탄생하는 것은 언제나 과거의 영향력에 맞서는 주체적이고 능동적 힘이 전제될 때만 가능하다.

위의 논의를 진행하는 동안 '현실적' 존재라는 말이 왜 반드시 현재와만 관련되지 않는지가 확실히 밝혀졌다. '현실적'이라는 개념은 시간적으로 과거와도 관련되기 때문이다. 과거의 여건이 영향력을 행사할 때도 '현실적 존재'로서의 힘을 작동시키고 있는 것이다. 화이트헤드의 전문 용어로써 이를 표현하면 과거의 여건은 '작용인efficient cause'으로서 현재 생성과정 중에 있는 사물에 영향력을 행사하는데, 이것이 바로 '현실적'이라는 용어가 갖는 중요한 뜻이다. '현실적'이라는 개념이 시간보다는 힘과 관련되어 사용된다는 말은 바로 이런 뜻이다.

이제 우리는 현실적 존재가 우주 내에서 가장 궁극적인 단위의 존재이며, 구체적으로 나름대로의 힘을 행사하는 모든 사물을 지칭할 수 있다는 것을 보다 정확히 이해하게 되었다. 그야말로 이미 앞에서 예를 들었던 모든 존재, 즉 전자, 양성자, 중성자와 같은 미립자들 하나하나를 생각하면 될 것이다. 그런데 이런 것들은 현실적 존재라고 불리기보다는 현실적 계기라고 불리는 것이 더 나을 것이라는 생각도 있을 수 있다. 유동과 생성의 차원을 보다 더 잘 담고 있는 말이 계기이기 때문이다.

그렇다면 암석이나 인간 혹은 신은 어떠한가? 그들도 현실적 계기 혹은 현실적 존재라고 불릴 수 있을까? 물론 만일 그들도 그것을 궁극적 단위 존재로 볼 수 있는 길이 있다면 그것역시 현실적 계기나 현실적 존재가 될 수 있다. 그러나 화이트헤드에게서 신은 현실적 존재이지만, 암석이나 인간은 그렇지 않은 것으로 기술된다. 왜냐하면 우리가 잘 알고 있듯이 암석이나 인간은 미립자와 같은 계기들이 통합되어 있는 존재이지 스스로가 최종적 단위 존재는 아니기 때문이다. 따라서 이들에게는 결합체nexus라는 말이 적용된다. 현실적 계기들이 결합되어서 거시적인 한 존재를 구성하고 있는 것이 그들이기 때문이다. 그러므로 우리는 어떤 '일자the one'로서의 기능을 하고 있는 존재에 대해서 말할 때 두 가지로 분류할 수 있다는 것을 알 수 있다. 그중 하나는 개별적인 현실적 존재에 대해 말하는 경우가 있고 이는 미시적인 것을 지칭하는 것이다. 예를 들면 전자, 양성자와 같은 미립자 같은 것이다. 그러나 그런 현실적 존재(계기)들이 결합되어 있는 것을 하나로 보고 말하는 경우가 있다. 결합체는 바로 이런 후자의 경우를 지칭하는 것으로 하나의 개별자로서의 원자 단위의 존재나 개별자로서의 볼펜 등을 지칭할 수 있다.

이렇게 본다면 결합체와 현실적 존재의 근본적인 차이는 전자는 일상적으로 경험되는 것인 반면에, 후자는 일상적인 경험이 아니라 물리학적인 통로를 통해서만 확인되고 가정되는 경험적 대상이다. 우리는 쿼크와 같은 미시적인 사건들을 직접 경험할 수 없다. 그러나 그들이 함께 결합된 것은 경험할 수 있으며 그렇게 경험되는 것이 결합체인 것이다. 그런데 화이트헤드에게서는 결합체 역시 둘로 나뉜다. 그저 결합체인 것이 하나며 사회로서의 결합체가 다른 하나다. 먼저 마치 줄기와 잎, 뿌리 등으로 이루어진 나무와 같이 결합된 개별자로서의 모습을 생각한다면 그것은 그저 결합체라 칭한다. 그러나 하나의 나무가 과거와 현재, 그리고 미래라는 시간의 흐름 속에서 동일함이라는 형태의 결합을 유지할 때의 결합체도 있다. 이때의 결합체는 특히 사회society라고 불린다. 인간이 만드는 사회에서처럼 이러한 후자의 결합체에서는 나름대로의 질서와 통제력이 행사되어 한정적인 특성을 갖게 되기 때문이다. 그렇다면 전자의 결합체는 주로 동시적contemporal으로 결합된 현실적 존재들의 연합을 지칭하는 개념이다. 결합체를 이루는 구성원들로서의 줄기와 잎, 뿌리 등은 서로 하나의 나무 안에서 같은 동시간대에 현존하고 있기 때문이다.

　그러나 후자의 것, 즉 하나의 나무가 과거와 현재 및 미래를 거쳐 동일성을 유지하면서 결합된 것(과거, 현재, 미래의 결합)을 화이트헤드는 '사회'라 부르는데, 이것이 바로 전통적인 의미의 실체인 것이다.[28] 그러므로 화이트헤드는 전자인 동시적 결합체보다는 시간 속에서 동일성을 유지하는 결합체에 대해서 더 많이 설명하려 애썼다. 왜냐하면 '사회' 개념이 어떻게 전통적 개념으로서의 '실체'가 가지고 있는 철학적 문제점을 해결할 수 있는지 보여 주려 했기 때문이다. 해결의 논리는 간단하다. 화이트헤드의 설명에 의하면 하나의 실체로서의 사회는 추상적인 것이다. 즉 화이트헤드 식으로 말하면 실체란 하나의 사물이 과거에서 현재를 통해 미래에도 동일함을 유지한다고 추상된 개념을 가리킨다. 화이트헤드 체계 내에서 그런 것은 구체적 실재로서는 불가능한 존재이다. 생성하고 난 후 곧장 사라지는 것이 실제적인 존재, 즉 실재이다. 따라서 오로지 현실적 존재만이 실재적이고, 생성-소멸하는 현실적 존재가 시간의 축을 따라 동일성을 유지한다고 가정해서 만든 '실체'와 같은 것은 참으로 실재적이 아니라 할 수 있다. 그것은 단지 인간의 사고가 자신의 상상력을 사용해 추출한 개념이기 때문이다. 그러므로 실체란 부차적인 것이며 파생된 것이다. 실체와 같은 결합된 사회가 있게 되는 이유는 우선 현실적 계기들이 존재했기 때문이다. 따라서 어떤 경우 실체는 인간에게 매우 유용한 철학적 도구이지만 어떤 경우에 허구이고 가상일 수 있는 것이다.

실체라는 개념이 일으킨 잘못은 그 수를 헤아리기 어려우나 대표적인 것으로 불변, 무관계, 독립, 유일, 절대 등의 문제가 있다. 예를 들어 김정은 정권과 관련하여 북한 주민이 그 정권을 실체라고 믿는 경우나 자본주의가 유일한 경제적인 제도라고 믿는 경우도 마찬가지이다. 이때 이들의 실체, 즉 정권이나 자본주의가 불변한다고 보는 것은 모두 허구적인 실체 개념에 근거한 것이라 볼 수 있다.

이제까지 우리는 현실적 존재(계기)가 철학사 내에서 갖는 의미와 위치에 대해서 설명했다. 그리고 그것은 가장 궁극적 단위 존재로서의 과정이 어떻게 영향력을 행사하면서 과거와 현재의 타자(과거의 현실적 계기들은 현재의 현실적 계기와 다르다는 점에서 타자이며, 현재의 현실적 계기의 주위에 있는 동시적인 계기들도 물론 타자들이다)들을 종합하고 자기화를 이루는지 설명한다고 했다. 이하에서는 바로 이 점, 즉 현실적 존재의 역할과 기능과 관련하여 그것이 철학사 내에 어떤 혁명을 가져왔으며 그로 인해 어떻게 변혁을 이루었는지 구체적으로 살펴보자.

이미 앞선 논의과정에서 드러났듯이, 과정철학이 현실적 존재를 가장 궁극적 기본 존재단위로 선언함에 따라 철학사 내에서 문제가 되었던 여러 종류의 적대적인 양극단의 입장과 개념들이 서로 화해될 수 있는 긍정적 결과가 도출되었다. 즉 현실적 존재는 생성하는 것과 소멸하는 것 양자를 모두 표현한다. 나아가 객체라는 뜻과 주체라는 뜻이 함께 망라된다. 이로 인해 그동안 극단으로 치우친 일방과 편협의 철학적 입장들을 화해시킨다. 또한 그동안 소외되었던 사유의 외부, 사고의 변방, 존재의 모호함 등 철학의 주변부 지대를 회복시킨다. 그리고 이는 그동안 주류로 간주되면서 일방적이고 독선적인 권위로 군림하면서 철학을 일방적인 방향으로 이끌어 왔던 모든 과도하고 편협한 입장들을 비판하고 그들이 제자리에 돌아가도록 만든다.

나아가 관계의 철학은 회복시키고 주관주의 철학에는 비판을 가한다. 여기서 관계의 철학이란 주체와 타자 혹은 내부와 외부와의 관계를 강조하는 입장을 말한다. 그리고 주관주의 철학은 마치 칸트Immanuel Kant에게서 발견되는 것처럼 주체 중심의 철학을 말한다. 이에 대해서는 이미 앞에서 어느 정도 소개된 바 있다. 그러나 앞에서는 초심자들에게 쉬운 이해를 제공할 목적으로 가급적 화이트헤드의 전문 용어를 피하면서 조금 거칠게 설명된 면이 있었다. 따라서 여기서는 화이트헤드의 용어를 직접 사용하면서 다시 한 번 매끄럽게 정리해 보자.

먼저 현실적 존재론이 관계의 철학과 연관된 문제를 어떻게 다루는지 보자.[29] 이미 말했듯이 현실적 존재는 힘을 행사하고 영향력을 행사한다. 그런데 또 다시 반복하지만 그런 현실적 존재가 힘을 행사하는 이유는 그것이 현재에 있기 때문만은 아니다. 즉 현실적이라는 말이 반드시 '현재'의 힘이나 영향력과 관련되는 것만은 아니라는 뜻이다. 힘과 영향력은 과거에서도 온다. 화이트헤드는 이렇게 과거의 여건이 현재에 미치는 영향력을 작용인적 행사efficient causation라 명명한다. 여기서 작용인이란 현재의 주체가 자기화를 이루는 과정에 개입된 것으로서 과거의 여건이 행사하는 힘을 말하며, 그 힘을 수용하지 않을 수 없을 때 느끼는 영향력을 지칭한다.

이렇게 보면 가장 궁극적인 단위 존재로서 현실적 존재는 우선 관계철학과 주체철학을 화해시킨다. 본래 관계의 철학은 주체나 주관보다는 타자와 대상 혹은 객체의 힘과 영향력을 강조하려는 입장이었다. 관계의 철학은 모든 존재가 타자와의 관계를 설정하지 않고서는 존재할 수 없다는 것을 말한다. 그런데 이런 관계의 철학은 서구철학사 내에서 매우 중요한 위치를 차지해 왔으면서도 근대 이후로는 찬밥 신세를 면치 못했다. 서구가 개인주의와 자본주의 등을 발전시키면서 타자로부터 생성되는 주체를 말하기보다는 주체가 스스로를 생성시키면서 개별자가 되거나 오히려 타자 및 외부세계가 인간의 주관에 좌우된다는 것을 강조하는 철학이 득세했었기 때문이다.

이와 대조적으로 관계의 철학은 주로 동아시아에서 주류 철학이었다. 잘 알다시피 불교와 유교는 그 핵심이 관계의 철학이다. 특히 불교는 오온五蘊, 연기설緣起說 등을 통해서 관계를 그 중심에 놓는다. 유교는 삼강오륜三綱五倫의 교설을 통해 관계를 그 중심에 놓는다. 위에 열거된 '오온'이나 '연기', '삼강' 등의 어휘의 한자를 보면 모두 실을 의미하는 사絲변邊이 들어 있는 것을 알 수 있다. 즉 관계가 중심이라는 말이다. 화이트헤드의 철학이 동아시아에서 각광을 받는 이유 중의 하나도 그것이 관계의 철학을 중시하는 것으로 보이기 때문이다. 하와이의 불교학자 스티브 오딘Steve Odin은 한국의 의상義湘대사의 화엄일승법계도華嚴一乘法界圖를 분석하면서, 화이트헤드가 말하는 상대성의 원리가 화엄이 말하는 관계의 철학과 매우 비슷하다고 보았다. 특히 오딘은 화이트헤드의 일과 다의 개념이 이미 오래전에 화엄에게서 핵심 범주로 다루어졌다고 주장하면서 의상의 명제, 즉 일즉다 다즉일─卽多 多卽─을 재해석한다. 화엄에게서 일즉다 다즉일은 모든 사물이 다른 사물에 들어 있는 것을 말하는데 화이트헤드도 같은 말을 한다는 것이다.[30] 화이트헤드는 이렇게 우주의 모든 사물이 한 존재 안에 들어와 그 존재를 구성한다는 법칙을 상대성의 원리 The Principle of Relativity라고 표현했다.

쉽게 말해서 상대성의 원리란 주체가 타자에게 상대적이라는 것이다. 상대가 없다면 주체도 없을 뿐만 아니라, 보다 정확히는 주체가 타자에 의해서 구성된다는 주장이다. "…다른 모든 현실적 존재를 포함하여 우주의 온갖 사항들이 임의의 한 현실적 존재의 구조 속에 들어 있는 구성 요소가 되고 있다는 결론이 나온다. 이 결론은 이미 상대성의 원리라는 명칭으로 활용됐던 것이다."[31]

그러나 이렇게 상대성의 원리가 주체의 타자 의존성을 강조하는 원리이지만, 그것은 현실적 존재가 가지고 있는 또 다른 원리의 한 쌍일 뿐이다. 화이트헤드의 철학은 서구철학의 하나다. 그가 아무리 동아시아와 동양의 관계의 철학과 비슷한 사상을 말할지라도 서구철학의 주류 전통이었던 주관주의 철학에 어느 정도는 영향을 받지 않을 수 없었다. 아니 이 말은 보다 정확하게 표현되어야 한다. 우리의 상식에 따르면 그 어떤 철학도 주관과 주체성을 구제하지 않는 한 온전한 의미의 철학이 될 수 없다고 보아야 하며 이는 화이트헤드도 예외가 아니다.

현실적 존재의 영향력에 관한 이론은 어떻게 주체의 자기화를 말할 수 있을까? 이미 말한 대로 영향력은 과거에서 나오지만 우선은 현재의 현실적 존재도 일종의 영향력을 행사할 수 있다. 화이트헤드는 그런 영향력을 목적인적 행사final causation라 명명했으며 이는 어떤 의미에서 서구 근대철학의 주관주의적 전통과 만난다. 여기서 목적인이란 희랍의 아리스토텔레스부터 사용되었던 네 가지 원인에 관한 이론, 즉 질료인, 형상인, 작용인, 목적인 중에서 목적인이 행사하는 영향력과 관련된 개념을 계승한 것이다. 여기서 목적인이란 하나의 존재가 타자로부터 영향을 받은 것에 대응해 자기 나름의 영향력을 행사하는 방식으로 반응하는 것을 말한다. 한마디로 타자의 영향력에서 벗어나 자신을 스스로 구성할 수 있는 독립적인 영향력의 행사를 지칭한다. 그런 영향력은 주로 주체의 의지에 기초한 목적의식에서 기인되기 때문에 목적적 원인, 즉 목적인이라 부르는 것이다. 예를 들어 어떤 남자가 음주의 습관에서 벗어나지 못하고 매일 술을 즐기면서 몸을 망치다가, 어느 날 새롭게 사귀게 된 여자 친구가 술을 끊는 한도 내에서만 계속 만나 주겠다고 말하는 것을 듣고 금주를 단행했다고 치자. 여기서 남자가 금주를 단행하게 된 직접적인 원인으로서의 여자 친구(와의 만남)는 그 남자에게는 작용인으로 행사되었지만 그것에 자극 받아 스스로가 결단하게 된 것은 목적인으로서 행사된 셈이다. 물론 지속적으로 음주를 즐기던 그에게 술 역시 일종의 작용인으로서 그의 육체와 마음을 지배했다. 그러나 그런 과거로부터 주어진 물리적 유혹이라는 여건(이것이 바로 과거의 작용인이다)을 이기게 한 것은, 남자의 의지 속에 있었던 목적이 행사된 덕택이었던 것이다. 목적인이 주관과 주체의 영향력 행사에 직접적 기초가 되는 원인이라는 말은 바로 이런 의미다.

이렇게 본다면 화이트헤드의 상대성의 원리하에서는 작용인으로서 현실적 존재의 기능이 강조되지만, 주관주의의 원리하에서는 목적인으로서의 기능이 강조된다. 즉 현실적 존재란 과거에서 주어진 여건이 끼친 영향력이 남긴 잔여물에 기대서 생성되기 시작하지만, 동시에 그것은 스스로가 자신을 자유롭게 결정하기도 한다. 이렇게 과거의 영향력으로부터 벗어나 스스로 결정을 내리면서 힘을 행사하는 능력은 목적인에서 온다. 따라서 화이트헤드는 말한다. 우리 자신도 우리 안에 들어와 있는 사물들과 마찬가지로 "이 세계의 구성 요소인 것처럼 보인다."[32] 이렇게 목적인 없이는 하나의 단위존재로서 현실적 존재가 발생하지 않는다.[33] 목적인을 통해 현실적 존재는 스스로를 구성하는 주체가 된다. 이런 점에서 볼 때 화이트헤드는 어떤 면에서 서구의 주관주의적인 라인에 서 있다고도 할 수 있다.

하지만 화이트헤드는 서구의 근대철학이 강조했던 주관주의 철학에 대해서는 주로 비판적이었다. 이미 말했듯이 그는 주관주의적 원리가 가지고 있는 많은 문제점을 개선하기 위해서 개혁된 주관주의 원리Reformed Subjectivist Principle를 주장했다. 화이트헤드에 따르면 전통적 의미의 주관주의가 세계와 우주 그리고 인간을 이해할 때 그저 인간의 주체적 경험을 분석하는 데 그쳤다는 것이다. 그곳에서는 유전적인 요소나 기억과 같이 과거에서 전달되는 상대적 요소의 부분이 무시되고 있다.[34] 예를 들어 인간의 감각이 여건에서 느끼는 개념들을 분석하거나 아니면 인간의 지성이 발명해 낸 보편자와 같은 것을 분석하면 인간의 인식은 물론 그 인식의 대상이 가진 모든 내용과 비밀을 파악할 수 있다는 것은 맞다. 그리고 그것이 바로 주관주의의 원리이다. 개념이나 보편자는 주관의 산물이기 때문이다. 그러나 이런 것에서 한 걸음 더 나아가는 주관주의의 개정판은 상대성의 원리를 기본으로 하는 주관주의이다. 다시 말하면 현실적 존재가 생성하는 과정에서 스스로가 스스로를 구성하는 자기화의 목적인을 행사할지라도 그것이 과거의 여건이 남긴 영향력, 다시 말해서 작용인의 산물을 무시하면 주관의 내용이 온전히 분석될 수 없다는 것이다.

따라서 이런 주관주의의 개정판, 즉 개혁된 주관주의 원리가 상대성의 원리를 기초로 한다는 것은 실제로 여러 철학적 결과를 낳는다. 우선 중요한 것은 인간 의식의 중요성이 상대화된다는 것이다. 화이트헤드의 상대론은 인간의 의식에 타자라는 상대가 들어와 있다는 것을 주장하게 된다. 이를 프로이트식으로 표현하면 무의식이 들어와 의식에 영향력을 행사하고 있다. 이것이 바로 화이트헤드가 강조하는바, 모든 인식에서는 물리적 파악을 통한 작용인의 행사가 우선하며, 이런 파악 내에 들어 있는 직관적이고 비의식적인 내용들이 먼저 작동된 후 비로소 인식(개념적 파악이 동반된)이 성립된다는 것이다. 이를 라캉식으로 말하면 인간의 주체적 의식은 스스로 능력을 행사하고 있는 것 같지만 사실은 그 주위를 감싸고 있는 상징계, 즉 사회의 언어로 이루어진 세계라는 큰 타자가 그 해당 주체 내에 유전자나 기억으로 똬리를 틀고 있다가 마침내 작용해 성립되었다고 보면 된다. 따라서 인간을 알기 위해서는 인간의 의식을 분석하기보다는 그 의식 내에 들어와 똬리를 틀고 있으면서 영향력을 행사하는 또 다른 주인을 분석해야 한다. 주체적 의식이 주체의 주인은 아니다. 인간의 주인은 무의식이라는 타자이거나 그 주체 안에 자리 잡고 있는 상징의 세계이며 이것이 유전자나 기억으로 작용하고 있다.

여기서 잠시 화이트헤드 철학과 관련된 재미난 토막정보를 하나 더 다루어 보자. 상대성의 원리에 영향받은 개혁된 주관주의의 원리는 화이트헤드로 하여금 인간의 불멸성에 관한 독특한 이론을 주장하도록 만들었다. 이 이론을 이해하기 위해 먼저 질문을 만들어 시작해 보자. 즉 화이트헤드는 인간의 불멸성을 어떻게 보는가? 종교와 신학이 말하는 영생이론, 즉 죽음 이후의 불멸적인 삶에 대해서 화이트헤드는 어떤 주장을 펼치는가?

화이트헤드는 신학자가 아니므로 이 문제를 상세하게 다루지는 않았으나, 그의 상대성이론과 개혁된 주관주의 이론은 흥미로운 불멸성 이론을 남겼다. 그리고 이는 신학자들로 하여금 인간의 불멸성에 대해 새로운 신학적 교리를 발전시키도록 자극했다. 즉 하나의 현실적 존재, 특히 현재의 현실적 존재의 구성적 요인 속에는 언제나 과거의 잔재가 남아 있다고 했는데, 이는 화이트헤드에게서 객체적 불멸성objective immortality으로 명명되었다.[35] 객체적 불멸성의 학설이란 어떤 현실적 존재이든 생성한 다음 소멸의 운명을 맞게 되는 것이 필연이지만, 그것은 후속하는 현실적 존재에게 여건으로 남는 것도 필연이라는 이론이다. 물론 과거의 모든 여건 중에서 취사선택을 통해 현재에 수용되지만 어쨌든 과거의 여건은 현재의 주체의 구성 요소로서 영속적인 조건이 된다는 것이다. 비록 과거의 여건이 가지고 있었던 고유의 내용은 사라졌으나 그것은 현재의 주체에 의해서 객체화된 상태에서 영속한다. 주체적 불멸이 불가능하지만 객체적 불멸은 가능하다는 것은 이런 뜻에서다.[36]

이제까지 상대성의 원리와 개혁된 주관주의의 원리에 따라 현실적 존재가 가지고 있는 철학사 내의 의미를 분석해 보았다. 하지만 혹시 간과될 수 있기에 마지막으로 강조하지 않을 수 없는 것이 하나 더 있다. 과정철학이 주장하는 바 현실적 존재가 스스로를 구성하는 능력이 있고, 이로써 하나의 주체로서 탄생할 수 있다는 주장은 언제나 우주 내에 존재하는 각각의 모든 현실적 존재의 존재론적이고 가치론적인 평등함에 대해 말하도록 만든다는 것이다. 즉 둔스 스코투스Duns Scotus와 스피노자Baruch Spinoza의 전통을 따른 현대의 인기 철학자 들뢰즈는 존재의 '일의성univocity'을 강조했는데, 이는 모든 존재가 같은 목소리의 존재가치the value of being를 갖는다는 주장이다. 즉 모든 존재는 자체 내에서 동등할 뿐만 아니라 모든 존재 속에 동등하게 현존하는 것으로 주장된다. 화이트헤드의 현실적 존재론 역시 이와 비슷한 내용의 주장을 하는데, 이를 이해하기 위해서 더 이상 다른 부연 설명을 깃들이지 말고 직접 화이트헤드를 인용해 보자.

"…비록 그 중요성에 등급이 있고 그 기능에 차이가 있기는 하지만, 현실태가 예증하는 여러 원리에서 볼 때 모든 현실적 존재들은 동일한 지평에 있는 것이다. 궁극적 사실은 이들이 하나같이 모두 현실적 존재라는 것이다."[37] 이는 분명히 들뢰즈가 말하는 '존재의 일의성'을 생각나게 하지 않는가? 그 현실적 존재가 전자와 같은 미립자이든, 침팬지이든, 인간이든 혹은 신이든 그들은 모두 동일한 지평에 있는데, 그 이유는 그들이 현실적 존재라는 것 때문이다. 즉 그들은 자기의 구성능력이 있는 주체적인 존재이며, 나아가 하나의 여건으로 존재하면서 후속하는 타자에게 객체로 남아 불멸하는 존재이기도 한 것이다. 이런 의미에서 모든 존재는 존재론적으로 동등한 가치와 의미를 지닌다. 단지 이들에게 차이가 있다면 과거의 여건을 통합하는 주체적인 능력에서 목적인을 작동시키는 강도의 차이만이 있을 뿐이다. 화이트헤드의 이런 주장은 생명 세계 내에 존재하는 모든 사물 사이의 등급적 차이와 그것을 기초로 한 질서에 대해서 말하기도 하지만, 동시에 문명을 발전시키는 데 있어서 인간의 책임을 강조하는 것으로 발전되

기도 하는데, 이는 유기체 이론과 생명사상을 토론할 때 좀 더
다루도록 하겠다.

2

영원한 객체 Eternal Objects

모든 것은 과정이요 흐름이다. 그러나 이런 사상은 새로운
통찰을 많이 제공해 주지만 사실 중대한 인식론적인 문제를
일으키기도 한다. 어떤 것이 흐른다고 할 때 우리는 그 사실
을 어렴풋이 알고는 있어도 뚜렷하게 인식하기는 힘들다. 만
일 우리가 물이라는 대상에 대해서 말하고 있다고 치자. 이때
우리는 물의 흐름을 바라보면서 물의 한 성질로서 유동에 대
해서 말할 수 있다. 그러나 인식의 문제는 조금 다르다. 인식
이란 많은 경우 내가 알고 있는 것을 타자와 공유하는 한도 내
에서 인식이 된다. 그런데 타자와 공유하려면 객관적인 어떤
내용물이 있어야 한다. 흐르는 성질을 가지고 있는 물의 경우,

만일 우리 눈앞에서 확인할 수 있는 객관적 내용이 그저 물이 흐른다는 사실이 전부라면 그것만으로는 물에 대해서 온전히 말할 수 없다. 물의 유동은 물에 대해 말할 수 있음의 일부분에 지나지 않는데, 왜냐하면 우선 물이 존재한다는 것을 전제해야 하기 때문이다. 결국 물에 대해서 온전히 말할 수 있고 타자와 그 사실을 나누기 위해서는 결국 물의 성분, 즉 수소나 산소 등의 미시적인 차원으로 내려가 기술할 수 있어야 물에 대해서 진정으로 인식할 수 있다고 말하게 된다.

여기서 논점은 인식의 대상이 된다는 것이 그것에 대해 객관적으로 소통할 수 있는 내용을 포함한다는 뜻이며, 유동하는 속성을 가진 것들은 그렇게 하는 것을 불가능하게 만든다는 뜻이다. 여기서 흐름이란 그저 물처럼 흐르는 경우만을 생각할 필요는 없다. 그야말로 모든 형태의 흐름을 망라한다. 유동의 철학에서는 심지어 암석 내의 미립자들도 유동이요 과정이니 말이다. 이렇게 과정철학이 모든 것을 유동하는 것으로 볼 때, 과연 그것은 인식을 가능하게 하는 내용을 말할 수 있을까? 좀 더 적합한 예를 들어 보자.

예를 들어 내가 탈구조주의적 포스트모더니스트들과 더불

어 앉아 눈앞에 있는 컵을 보고 있다고 치자. 포스트모더니스트들은 바로 내 옆에 앉아 앞에 있는 동일한 컵을 바라보고 있으면서도 컵을 정의 내리는 데 무척 힘들어 할 것이다. 그들에게 하나의 종이컵은 끊임없이 과정 속에 있고 미끄러지고 있기 때문이다. 소쉬르와 같은 구조주의자가 말하는 것처럼, 하나의 종이컵은 펄프와 하얀색 그리고 컵 형태의 모양 등으로 규정될 수 있다. 그러나 그것들을 동원하는 것만으로는 종이컵이라는 최종적인 규정을 이끌어 낼 수 없다. 모든 것을 과정으로 보는 사람에게는 펄프조차 아직 과정 속에 있기 때문이다. 따라서 인식을 공유하기 위해서는 우선 펄프가 무엇인지 규정해야 하고, 이는 하얀색도 그렇고 컵 모양에도 마찬가지로 적용된다. 하얀색의 경우, '하얗다'는 것은 무엇을 말하는 것인가? 흰 눈처럼 순백의 색깔을 말하는 것인가, 아니면 아이보리와 같은 상아 빛 색조를 말하는 것인가? 순백의 색조는 무엇이고 아이보리의 색깔은 무엇인가? 이런 식으로 따져 들어가면 끝이 없다. 이렇게 포스트모더니스트들에게 하나의 사물을 규정하는 행위는 무한히 계속되는 끝없는 과정에 불과하다. 그러기에 컵을 규정하는 행위는 무한히 미끄러지면서 끝없이 계속될 뿐 결코 그 과정을 끝낼 수 없다. 따라서 끊임없는 유동과 과정만을 말하는 과정철학은 결코 올바른 인식에 대해서 말할 수 없다. 그렇다면 화이트헤드는 이 문제를 어떻게 해결할 수 있을까?

철학자인 화이트헤드는 여기서 문제의 해결을 위해 전통과 크게 다르지 않은 길을 간다. 그 역시 미끄러짐을 끝낼 수 있는 규정자를 요청하지 않을 수 없었던 것이다. 과정 속의 현실적 존재들을 고정시키고, 그것을 인식할 수 있도록 만들어 주는 인식의 도구 말이다. 화이트헤드에게는 그것이 바로 영원한 객체eternal object다.

화이트헤드의 용어 중 가장 어렵고 생경한 용어 하나가 바로 영원한 객체다. '영원한'이라는 수식어나 '객체'라는 명사는 우리에게 익숙한 보통 어휘의 단어이지만, '영원한 객체'라는 개념은 낯선 개념이기 때문이다. 하지만 화이트헤드 철학 내에서 그 의미는 의외로 간단하다. 단도직입적으로 말하면 영원한 객체는 플라톤의 형상, 중세의 보편자 혹은 근대철학의 본질 혹은 속성과 상호 교환이 가능한 용어다. 플라톤에서 형상이 질료를 규정하듯이 영원한 객체는 현실적 존재를 규정한다. 중세철학에서 특수자들의 공통분모가 보편자이듯 영원한 객체는 특수한 개별자들이 공통으로 가지고 있는 개념이다. 그러나 화이트헤드는 플라톤이나 중세가 가지고 있었던 개념들에 문제가 있다고 생각하며, 특히 근대가 사용하던 본질이나 속성은 더 많은 문제를 양산해 왔다고 본다. 그런 이유에서 화이트헤드는 불편함을 감수하면서까지 전통적인 용어를 포기하고 과감하게 새로운 용어를 개발했던 것이다.

그렇다면 우선 전통 개념과 비슷한 점이 무엇인지 보면서 영원한 객체의 특징을 알아보자. 전통적 개념들이 화이트헤드의 영원한 객체와 유사점을 갖는 것 중 가장 두드러진 것은 그것이 언제나 여러 현실적 존재들을 하나로 통합해 규정하는 한정적 기능을 갖는다는 것이다.

사과를 예로 들어 이를 설명해 보자. 하나의 현실적 존재인 사과를 특수한 개별자로 놓고 집중 분석해 보면, 우선 사과에 속하는 특징들이 너무나 많다는 것이 우리의 머리를 복잡하게 만든다. 사과가 능금과에 속한다는 것부터 따져 보자. 물론 사과는 능금과에는 속하지만 전형적인 스타일의 능금은 아니다. 지구상에 얼마나 많은 능금과의 과일들이 있는가? 홍

옥, 후지, 아오리, 국광, 골든 딜리셔스 등 종자도 많지만 색깔과 맛도 다양하다. 최근에는 후지가 대세여서 잘 모르는 사람들은 후지만이 사과라고 믿는다. 그러나 정확히 말하면 그들 각각은 서로가 다르며 구별된다. 서로 다른 맛, 향, 그리고 색깔을 가지고 있다. 그러나 어쨌든 우리는 '사과'라는 보편 개념, 즉 규정자를 사용해 지구상에 존재하는 수많은 사과들을 하나로 묶어서 한정한다. 잡다하게 너무 많은 개별적 사과들에 대해 언급하는 것은 그것에 대한 규정을 불가능하게 하므로, 우리가 그것에 한계를 그으면서 정체성을 부여한다는 말이다. 우리는 오직 이 경우에만 사과라는 의미를 하나로 통합하고 묶어서 그것에 대해 지칭하고 언급할 수 있다. 이렇게볼 때 만일 우리에게 한정자가 없다면 우리에겐 의사소통도전혀 불가능하게 될 것이다. 이것이 영원한 객체가 존재해야만 하는 일차적인 이유이며, 이런 점에서 영원한 객체와 전통적 용어로서의 형상이나 보편자 혹은 본질과 유사한 기능을갖는다. 그렇다면 영원한 객체가 전통적인 개념들과 다른 점은 무엇인가? 왜 화이트헤드는 굳이 형상이나 보편자라는 용어를 피하고 영원한 객체를 택했을까?

그러나 이를 설명하는 것은 철학의 긴 역사를 동원해 토론해야만 하기에 짧지 않은 여정이 필요하다. 보편자에 해당하는 각 시대의 용어 하나하나에는 당대의 철학이 속하는 시대별 정신과 논쟁점들이 압축되어 있기 때문이다. 따라서 여기서는 영원한 객체에 해당하는 전통적 개념들 중에서 형상과 보편자라는 대표적 용어만을 택해 화이트헤드의 것과 대조시켜 보자.

플라톤에게 형상은 질료보다 우선적인 것으로 간주되며 이것이 많은 문제를 일으킨 것은 너무나 잘 알려져 있다. 형상이 질료보다 우선적이라 주장할 때, 그 주장은 경험의 세계가 지닌 다양성을 무시하게 만드는 약점을 지닌다. 잘 알려져 있듯이 이런 문제들을 해결하기 위해서 나온 것이 경험주의이다. 철학사 내에는 다양한 형태의 경험주의가 있다. 하지만 그들 사이에 공통점이 있다면 인간이 자신의 감각기관을 통해 경험한 것을 우선적이고 중요한 것으로 간주하려는 전통이다.

화이트헤드도 이런 면에서는 경험주의의 주장을 그대로 따라간다. 화이트헤드는 구체적 경험과 관련된 사건으로서의 현실적 존재가 더 우선적이고 궁극적이라 본다. 근대를 포함한 전통철학은 대부분 추상적인 개념들을 우선적인 것으로 취급했으며, 그 때문에 구체적 경험의 세계가 가진 중요성을 폄훼하는 경향이 강했다. 이에 반해 경험주의는 인간이 직접 구체적으로 경험할 수 있는 개별적 대상과 사물을 인간에게 중요한 것으로 간주한다. 특히 이는 인식론에서 드러난다. 즉 칸트가 주장한 바에 따르면 인간은 경험되지 않은 것들에 대해서 사고할 수 있지만 인식할 수는 없다. 예를 들어 일각수나 태산만한 황금송아지에 대해 인간은 자기 마음대로 상상하고 사고할 수 있지만 그렇다고 그것을 인식할 수는 없다. 그것들은 실제로 존재하는 것이 아니기 때문이다. 그들이 우리의 상상력 속에 존재하는 망상이기는 해도 실재는 아니라는 말이다.

경험주의가 중요한 이유는 여기에 있다. 사물의 경우 사고의 대상이 되는 것보다 인식의 대상이 되는 것이 더 중요하다는 것을 일깨워 주는 데서 경험주의가 큰 역할을 할 수 있기 때문이다. 인식의 대상이 되지 않고 단지 사고의 대상이 되는 것 중 많은 것은 단지 망상의 산물이라서 때로는 인간에게 해악이 될 수 있다. 보편자와 형상이 가진 하나의 문제는 바로 여기에 있다. 그것들은 어떤 면에서 볼 때 사고의 대상이 되지만 인식의 대상이 되지 못하는 면이 있기 때문이다. 물론 인식의 대상이 되지 못한다고 해서 그것이 존재하지 않는다거나 무가치하다는 것을 말하려는 것이 화이트헤드의 본래 의도는 아니다. 칸트 역시 이 문제에서는 화이트헤드와 같은 길을 갔다. 우선 가치의 문제를 따지면서 이 문제에 대해 따져 보자.

당장 보편자나 형상이 개별적인 특수자보다 더 중요한 가치를 지니는 경우도 숨길 수 없다. 이에 대해서는 심지어 칸트 및 화이트헤드와 반대의 길을 갔던 경험주의자들도 인정하지 않을 수 없는데, 그들조차 어떤 경우 형상이나 보편자는 질료나 특수자보다 존재론적으로 우위라는 것을 인정하기도 한다. 왜냐하면 형상이나 보편자는 시간에 따라 생성과 소멸을 겪지 않기에, 단지 그런 점에서 보면 그들은 특수자들보다 우위라고 볼 수도 있다. 형상이나 보편자가 지닌 무시간성과 영원성을 우월한 가치로 본다면 말이다. 화이트헤드가 '영원한'이라는 표현을 사용하는 이유는 바로 여기에 있다. 그 역시

경험주의 계열에 속하는 학자였지만, 예지계의 영원한 존재
가 갖는 가치를 인정하지 않을 수 없었기 때문이다.

여기서 우리는 보편자가 특수자보다 가치론적으로는 물론
어떤 면에서 존재론적으로도 우위라고 말하고 있는 셈이다.
생성과 소멸을 겪는 특수자들에 비해 보편자는 영원하기에
존재론적인 면에서 우위라고 말하는 것은 아무런 문제가 없
기 때문이다. 예를 들어 물리학적 객체로서의 삼각형의 형상
이나 보편자가 없다면, 우리는 삼각형의 형태를 지니고 있는
수많은 사물들에 대해서 말할 수 없다. 전쟁이 벌어졌을 때
적을 향해 총과 포를 사용해 싸우고 있는 군인에게는 총알이
나 포탄과 같은 특수자들도 중요하겠지만, 수학적 보편자로
서의 기하학적인 형상과 그것이 만들어 내는 법칙이 없다면
총이나 포는 사용할 방법이 없어서 무용지물이 될 것이다. 수
학과 물리학적 형상 및 그것에 근거한 법칙과 같은 보편자가
존재하지 않는다면 특수한 사물들은 많은 경우 무가치하게
된다. 이것이 바로 화이트헤드가 '영원한' 이라는 수식이와 그
것이 가지고 있는 철학적 가치를 강조하지 않을 수 없는 하나
의 이유다. 소멸과 변화를 겪지 않고 필연적으로 존재하는 객

체가 있어야 인간의 경험세계는 의미를 지닌다는 판단 때문이다.[38]

여기서 '객체'라는 말이 계속 등장하고 있는데 이제 그 어휘의 진정한 뜻에 집중해 보자. 객체란 'object'의 번역어로서 문자적으로는 '밖에 던져졌다'는 뜻이다. 따라서 대상이라는 번역어가 가장 빈번하게 사용된다. 인식아의 바깥에 있는 것이 대상이라는 뜻에서다. 하지만 대상이라는 어휘는, 그것이 인간의 주관 앞에 놓여 있다는 의미(對)를 강조하게 되는 것이라는 관점에서 보면 많은 경우 주관주의의 약점을 피할 수 없게 된다. 한마디로 밖에 던져져 있다는 사실에 기초해 그 자신만이 소유할 수 있는 고유의 가치를 잃고 단지 주관의 산물로 전락할 수도 있기에 '대상'은 때로 사물의 실재성을 놓칠 수 있다는 약점을 지닌다.[39]

하지만 객체라는 용어는 주관주의의 약점을 완화시킬 수 있다. 손님이라는 뜻의 객客은 주관과 상관없이 존재하는 타자를 의미할 수 있다. 화이트헤디안들이 객체라는 용어를 선호하는 이유 중 하나도 바로 이렇게 영원한 '객체'가 가지고 있는 무시간성과 영원성 그리고 그것에 연계된 실재적 가치의 차원을 중히 여기기 때문이다. 이를 통해 많은 철학자들이 이른바 유명론이나 유아론唯我論, solipsism의 함정에 빠졌던 것을 경계하기 위함이다.

이제 객체라는 말로써 화이트헤드가 철학적으로 의도한 바를 좀 더 매끄럽게 정리해 보자. 우선 영원한 객체는 주관의 산물이 아니다. 그것은 오히려 주관과 주체에 영향력을 끼치는 외부의 타자이다. 그런 의미에서 그것은 객체이고 여건이다. 주체의 산물이 아니라 오히려 거꾸로 그 주체를 외부에서 규정하는 존재이다. 이렇게 볼 때 화이트헤드가 영원한 객체라는 어휘를 사용할 때조차 먼저 염두에 두고 문제 삼으려 하는 것은 전통적 주관주의라 할 수 있다. 예를 들어 주관주의의 한 형태인 관념론자들의 경우에 하나의 대상이란 주체 앞에 존재하는 것이기는 하지만 그것은 단지 수동적인 힘만을 지닌 것으로 간주된다. 칸트는 때때로 관념론을 비판하기도 했지만 많은 후배 철학자들은 그를 주관주의자로 낙인찍어 버렸다. 그 이유는 칸트가 지성verstand(혹은 오성)의 대상으로 존재하는 사물이 언제나 주관이 부여하는 범주와 그것에 기초한 개념 밑으로 들어오지 않으면 결코 인식될 수 없고 주장했기 때문이다. 이런 의미에서 칸트는 전형적인 주관주의 철학자였던 것이다. 여기서 화이트헤드는 이런 식의 주관주의 철학이 가지고 있는 맹점을 비판하면서 그것을 개혁하려 한다. 이것이 앞에서 우리가 살펴본 대로 이른바 개혁된 주관주의 원리이다. 물론 화이트헤드 역시 일차적으로는 칸트를 따라서 인간의 감각경험 안으로 들어오는 여건data이 관념이나 개념에 의해 파악된다는 것을 부정하지 않았다. 그런 점에서 화이트헤드는 주관주의의 주장에 대해 일차적으로 찬성한다. 그러나 화이트헤드는 주관주의가 가지고 있는 약점, 즉 감각경험 안으로 들어오는 여건이 수동적이라고 보는 것에 반대하면서 주관주의를 개혁하려 했다. 한마디로 화이트헤드 버전으로서의 '개혁된 주관주의'의 핵심 주장은 감각경험을 따라 인간의 인식 속에 들어오는 여건이 능동적인 면을 지니고 있고, 따라서 주관과 주체에 영향을 끼친다는 것이다. 이렇게 영원한 객체는 현실적 존재를 규정할 때 주관과 주체에 직접적인 요소가 되는 외부의 타자이다.

그렇다면 이렇게 정의된 영원한 객체가 어떻게 전통적인 개념인 형상이나 보편자와 다른 내용을 보여 주는지 이제 철학적으로 비교할 준비가 되었다. 흄과 칸트의 철학과 비교해 보면서 이를 토론하자. 화이트헤드가 그의 저서 『과정과 실재』에서 사용하는 유명한 비유인 '회색의 돌'에 대한 비유를 들어서 이야기를 진행시켜 보겠다.[40]

회색 빛깔의 돌 하나가 나에게 날아왔고 내가 그것에 맞았다고 하자. 이때 이 사태를 흄의 방식으로 분석하면 다음과 같다. 흄에 따르면 회색의 돌에서 회색은 돌의 속성이다. 이른바 보편자다. 그리고 흄에게 그 보편자는 물론 돌을 규정한다. 그러나 흄에 따르면 회색이라는 보편자는 단지 관념이며, 이 관념은 감각에서 온 인상의 산물이다. 따라서 그 회색은 돌에 존재하는 실재적 보편자가 아니며 단지 인간이 습관적으로 갖고 있는 인상들을 조합해 만든 관념에 불과하다.

잘 알다시피 이는 철학사 내에 회의주의를 일으켰다. 예를 들어 수학이나 물리학 법칙의 필연성이 위협받게 되었다. 흄의 원칙을 적용하면, 수학이나 물리학의 모든 법칙은 진정한 의미에서 볼 때 보편적으로 존재하지 않으며 필연적이지도 않기 때문이다. 한마디로 학문의 근거가 회의의 대상이 되었다. 이것이 회의론자 흄이 지속적으로 비판받는 이유이다.

칸트가 『순수이성비판』을 집필한 근본 이유 중 하나가 바로 이런 흄의 회의주의에 자극받았기 때문이라는 것은 유명하다. 결국 칸트는 흄의 회의론적 경험주의에 수정을 가했다. 칸트에 따르면 우리가 얻은 감각경험으로서의 회색은 주관이 도구로 쓰는 형식들, 예를 들어 감성(적 직관)이 사용하는 시공간이라는 형식과 지성이 사용하는 범주라는 형식에 의존하지 않을 수 없다. 따라서 감성이 회색을 포함한 돌을 직관적으로 받아들인 것에다가, 지성이 회색이라는 개념과 돌이라는 개념을 덧붙여 사용할 때 회색 돌로 인식하게 된다. 이때 회색이나 돌이란 개념은 시간과 공간 그리고 범주라는 형식을 끌어다 쓰지 않을 수 없고, 이런 형식들 덕택에 회색 돌이 정체성과 동일성을 갖게 된다. 그런데 그런 형식은 우리의 지성이 끌어온 것이다. 칸트의 뜻을 따라 정확히 말하면 시공, 범주 등은 인간의 지성이 만들어 낸 것은 아니지만, 그렇다고 돌에서 온 것은 더욱 아니다. 지성이라는 주관의 능력이 선험적으로 존재하는 보편자를 끌어다 쓴 것이 바로 회색이라는 보편자라는 것이다. 칸트는 이를 통해 회의주의를 극복하려 했으며 당시에는 그 시도가 성공적이라고 평가되기도 했다.

그러나 화이트헤드의 분석에 따르면 비록 칸트가 보편자의 실재성을 살려 냈지만, 그 역시 주관주의의 함정에서 벗어나지는 못했다. 보편자가 존재하는 근본적인 이유가 인간의 지성이 발견한 주관적 형식에 의존한다고 말했기 때문이다. 이렇게 주관주의에 의존한다는 점에서는 경험주의자 흄도 마찬가지였다. 흄은 비록 감각지각의 중요성을 강조했기에 경험주의자였지만, 결국 그도 주관을 통해 이루어지는 지각(인상)에 대해 강조함으로써 감각주의sensationalism에 빠졌다. 우리는 흄의 감각주의에서 돌이라는 실재를 경험할 수 없고 단지 인간의 감각(인상)만 발견할 수 있을 뿐이었다. 이에 반해 칸트는 돌이라는 실재에 대한 현상은 인정했으나 돌 자체는 알 수 없다고 말했다. 소위 사물자체Ding an sich에 대해서는 인식할 수도 없고 경험할 수 없기 때문이다. 만일 이러한 흄과 칸트의 분석을 받아들인다면 우리가 돌에 맞았을 때 우리는 돌의 실재에 의해서 아픔을 느낀 것이 아니라 인상에 의해서 아픔을 느낀 것이며, 맞았다는 우리의 생각 역시 그런 인상에 기초한 감각일 뿐이다. 이렇게 흄 역시 감각의 중요성을 강조했다는 점에서는 경험주의자였지만, 엄밀히 말해서 그의 감각주의는 일종의 주관주의에서 벗어날 수 없었음은 마찬가지다.

화이트헤드에 따르면 이런 근대철학의 주장들은 모두 상식에서 벗어나는 얘기를 한다는 점에서 심각한 문제를 안고 있다. 흄의 감각주의는 인과성도 부정해 버렸으며, 이로 인해 수학이나 물리학 등의 학문을 회의에 빠뜨렸다. 화이트헤드의 분석에 따르면 흄이 그렇게 된 이유는 비교적 간단히 설명될 수 있다. 흄이 주어-술어, 실체-속성과 같은 현상주의에 빠졌기 때문이다. 이는 흄이 사물을 인과론에 따라 '설명'하지 않고 단지 그것에 대해 '기술'만 할 수 있다고 보았다는 말이다. 물론 칸트는 인과론의 중요성을 알고 그것을 인정했다. 그러나 그 역시 사물자체에 대해서는 알 수 없다고 하였고, 보편자가 사물자체 내에 있다는 것을 정확하게 설명하지 못하고 단지 인간의 주관으로부터 그것을 설명하려 했다. 그토록 노력했지만 칸트는 경험주의와 주관주의를 조화시키는 방법론에서 진정한 성공을 거두지 못했다. 이에 반해 화이트헤드의 영원한 객체는 이런 문제를 어느 정도 해결해 줄 수 있는 듯이 보인다는 점에서 장점을 지닌다. 그렇다면 과연 화이트헤드는 어떻게 경험주의에서 출발하면서도 보편자의 실재를 인정할 수 있을까?

화이트헤드 철학에 따르면 인간의 인식과정에서 인간에게 알려지는 대상, 즉 하나의 인식 대상은 경험 중에 있는 현실적 존재이다. 여기서 우리의 인식은 현실적 존재를 경험하고 있지만 그 경험은 직접적인 사건을 초월해 있는 존재, 즉 영원한 객체의 영역과 관련되기에 다양하게 펼쳐진다. 다시 말해서 어떤 것이 초월해 있다는 것은 그들이 다른 경험 계기들과 유사한 연관을 갖기도 하고 때로는 다른 형태의 연관을 가진다는 점에서 그러하다. 이해에 도움이 되기 위해 구체적 사례를 들어 이를 설명해 보자.

현실적 존재인 사과 내에 존재하는 빨강이라는 영원한 객체를 다시 살펴보자. 여기서 초월적 존재로서의 영원한 객체, 즉 사과의 빨간 빛깔이나 동그란 형태의(혹은 동그란 형태가 차지하는 영역의) 모양은 현실적 존재인 하나의 사과와 연관될 뿐만 아니라 다른 현실적 존재와도 연관된다. 즉 다른 능금과 과일들의 영원한 객체들(예를 들어 후지의 달콤함, 골든 딜리셔스의 노랑, 아오리의 파랑 등), 붉은 악마(의 색깔), 다른 공(의 색깔과 크기)과 같은 현실적 존재와도 관련을 맺는다. 따라서 빨강은 그 사과 안에 내재하고는 있지만 그 사과 고유의 것은 아니며 자체적으로 발생한 것도 아니다. 이렇게 볼 때 빨강이라는 영원한 객체가 현실적 존재로서 특수한 하나의 사과와 상관없이 빨강이라는 본질로서 이해될 수 있다는 점에서 그것은 초월적이다. 하지만 빨강에 대한 이런 초월적 사고는 사과나 붉은 악마 셔츠 등의 현실적 존재들에서 추상화하는 과정을 통해서 가능하게 된 것이므로, 어찌 보면 현실적 존재들 없이는 본래 존재가 불가능했던 것이다. 그리고 바로 이 점에서 빨강이라는 영원한 객체는 현실적 존재에 의존해 있다고 할 수 있다. 이것이 영원한 객체가 경험적이고도 실재적인 것과 연관되는 이유다. 현실적 존재에 의존하면서도 그것에 필연적인 존재이기 때문이다. 그리고 이것이 이른바 존재론적인 원리ontological principle이다. 모든 추상적 존재는 언제나 현실적 존재에 근거하지 않고서 단지 무nothing요 허구라는 말이다.

우리는 이제 화이트헤드와 칸트가 어떤 점에서 차이가 나는지 알 수 있게 되었다. 화이트헤드는 칸트의 주장을 거꾸로 접근한다. 보편자로서의 영원한 객체는 그저 주관의 의식이 만들어 낸 것이 아니다. 그렇다면 이는 존재론적인 원칙에 위배되며, 따라서 그런 영원한 객체는 무nothing요 허구이다. 영원한 객체는 경험에서 시작되었고, 따라서 경험이 우선이다. 의식은 경험의 끝이요 정점이지 시작점이 아니다. 화이트헤드가 "의식은 경험을 전제로 하지만 경험은 의식을 전제로 하지 않는다"고 한 말은 바로 이런 뜻이다.[41]

이렇게 경험이 우선적인 것이요 영원한 객체도 그것 없이는 생각할 수 없다는 화이트헤드의 주장은 영원한 객체의 초월성에 대해서 다시금 의문을 던지게 만든다. 영원한 객체는 과연 어디서 유래한 것인가? 화이트헤드는 그것이 분명 경험적인 것 없이 존재한다고 말했지만 경험계에서 유래한 것은 아니다. 경험적인 것은 아무리 그것에서 공통적인 것을 생각해내도 결코 필연적인 것을 만들 수 없다. 삼각형의 필연성은 삼각형들을 아무리 모아 놓아도 결코 생성되지 않는다. 그것은 경험에서 오지 않는다. 이런 이유로 영원한 객체의 초월적인 면에 대해서 우리는 다시 토론하지 않을 수 없다. 우리는 어떻게 영원한 객체의 필연석이고 보편적인 면, 즉 그것이 초월성과 동시에 영원한 객체는 경험적인 것에 유래해서는 안된다는 것, 즉 내재성의 강조를 어떻게 조화시킬 수 있을 것인가? 화이트헤드식으로 말해서 영원한 객체는 무슨 근거에서 그저 추상적인 허구가 아니라 실재적인가?

화이트헤드가 신을 끌어들이는 것은 여기에서다. 신은 화이트헤드에게서 현실적 존재로 기술된다. 현실적 존재인 신은 자신의 정신을 통해서 영원한 객체들을 파악한다. 화이트헤드의 표현을 빌리면 신은 영원한 객체들을 마음속에 품는다envisage. 마음속에 품는다는 말은 신이 결코 영원한 객체를 창조했다는 말이 아니다. 영원한 객체는 무시간적이기 때문에 신이 파악할 수 있는 대상은 될 수 있을지 모르지만 창조의 대상은 아니다. 그러나 신이 영원한 객체를 품어 주지 않을 경우 그것은 공허와 무 자체가 된다. 존재론적인 원리에 따라서 어떤 것이든 현실적 존재에 기반하지 않은 것은 추상, 망상, 허구, 무에 불과하기 때문이다. 그리고 만일 영원한 객체가 추상, 망상, 허구, 무에 불과하다면 우리는 수많은 문제에 부딪친다. 영원한 객체가 존재하지 않을 때 예상되는 혼란과 문제점에 대해서는 이미 위에서 많이 다루었다. 우리는 여기서 그것이 그저 무가 아닌 이유는 오로지 신이라는 현실적 존재가 그것을 파악하기 때문이라는 점만을 확인하도록 하자.

예를 들어 화이트헤디안들이 즐겨 사용하는 머리카락의 검음black의 예를 들어 보자. 머리카락의 검음은 개별자로서 현실적 존재들(머리카락)의 어떤 조합(색깔 분자와 같은 것)의 본성에서 유래하는 것이라 볼 수도 있다. 하지만 그것만으로는 부족하다. 만일 검음이 그저 현실적 존재들로서의 수많은 사람의 머리카락들이 형성항 공통적인 결합으로 존재한다면 그것은 아직 완전한 검음이 될 수 없다(임의로 무색이라고 말할 수도 있기 때문이다). 궁극적으로는 예지계의 존재자가 있어서, 말하자면 신이 현실적 존재의 파악에 의해서 영원한 객체들 사이의 관계적 패턴이 성립될 수 있어야만 한다.[42] 그렇게 선험적으로, 원초적으로 패턴화되지 않은 상태의 '검음'은 결국 현실적 존재들의 조합에서만 온 것이기에 그들에게 진정한 의미의 '검음'이라는 동일성과 정체성을 보장해 주지는 못한다. 수학의 숫자에서는 이런 문제가 더욱 부각된다. 또한 법적인 판단에서는 더욱 그러하다. 형벌을 행사하고 그것을 위해 심판과 정죄를 단행할 때 그것이 기초하고 있는 법과 원칙들은 필연성과 보편성을 지닐 수 있어야 하는데, 그러기 위한 근거가 신의 마음에서 행사되는 개념적 파악에서 이루어진다.[43]

그러나 이는 많은 토론을 요한다. 특히 화이트헤드와 같은 현대철학자가 신을 도입한다는 사실은 많은 사람을 당혹스럽게 만들어 왔다. 따라서 별도의 공간을 마련해 토론하지 않으면 오해를 불러올 수 있다. 따라서 이는 본 장의 4절에서 더욱 상세히 다룰 예정이다.

이제까지의 내용을 정리해 보자. 영원한 객체는 초월적이다. 그것은 현실적 존재들의 경험에서 추상된 것이지만 그렇다고 전적으로 그것들의 주관이 창조한 것은 아니다. 오히려 현실적 존재를 외부로부터 규정하는 타자이다. 영원한 객체의 기능은 동일성과 보편성의 근거가 되는 것이다. 그것을 통해 현실적 존재들은 어떤 경우 일자로 한정되고, 어떤 경우 보편적으로 한정된다. 나아가 인간에게는 영원한 객체를 파악한 신의 원초적 본성the primordial nature of God을 통해 인간에게 '이상'을 제공하는 도구로도 쓰인다.

과정철학 내에서 영원한 객체가 갖는 가장 중요한 특징은 비록 모든 것이 과정 속에 있지만 영원한 객체는 그렇지 않다는 것이다. 물론 사과에 유전자 변형을 가할 경우, 빨강이라는 영원한 객체는 언제든 변할 수 있다. 그러나 이렇게 영원한 객체가 변한 경우는 단지 그것이 현실적 존재와 직접 연결된 것들로서만 그렇다. 예를 들어 신체적 구조와 생리적 법칙과 연결된 가능태일 경우 그렇다는 말이다. 그러나 하나의 엄밀한 의미에서 가능태로서의 영원한 객체는 동일성과 보편성과 연결되기에 변하지 않고 전적으로 초월적이다. 이런 의미에서 영원한 객체는 초월적이다.

3
창조성

우리는 위에서 현실적 존재를 한정하는 것이 영원한 객체라는 것을 알았다. 모든 현실적 존재는 영원한 객체로 인하여 자신의 정체성을 확보한다. 한정하는 행위 없이 규정하는 행위는 불가능하고, 규정함이 없이 정체성은 확보되지 않는다. 그러므로 영원한 객체는 현실적 존재가 통일성을 획득할 수 있는 원천이며 알맞은 조건이 주어질 경우 동일성의 기반이 되기도 한다.

여기서 동일성이란 정체성을 시간의 흐름에서 본 것으로, 현실적 존재가 과거와 현재에 동일한 형식으로 존재하는 것을 말한다. 과정철학의 입장에서 볼 때 더 중요한 문제는 흐르고 있는 시간 속에서 어떻게 과거의 존재와 현재의 존재가 동일할 수 있느냐는 것이므로 이 문제의 해결을 위해 영원한 객체가 도입된 것이다.

위에서 여러 차례 언급한 바대로 우리는 영원한 객체로 인하여 어떻게 과거의 것과 현재의 것이 동일하고, 따라서 어떻게 해당 사물의 정체성이 확보될 수 있는지에 대해서 잘 알게 되었다. 하지만 여기서 한 가지 질문이 제기될 수 있다. 현실적 존재의 동일성에 대해서는 잘 다루었지만 어떻게 그 사물이 새것이 되는지 그 근거에 대해서는 아직 다루지 않았다. (2장의 2절과 3절에서 보았지만) 화이트헤드는 과거와 현재의 동일성에 대한 강조를 넘어 하나의 현실적 존재가 새롭게 탄생된다는 사실을 강조하는데, 이제 우리는 어떻게 새것이 탄생되는지를 설명할 수 있는 원천과 근거에 대해서 따져야 한다. 말하자면 화이트헤드 체계 내에서 반복을 넘어 새것과 차이가 탄생될 때 이는 어떻게 실현되는가?

화이트헤드의 철학적 도식에서는 창조성creativity이 다자를 일자로 만드는 궁극자로서 기술된다. 그런데 사실 다자를 일자로 만드는 행위는 일종의 '한정'행위이므로 그 역할은 화이트헤드 도식에서 영원한 객체가 맡고 있는 역할이다. 능금과에 속하는 잡다한 여러 과일이 존재한다고 할 때 그런 사과들의 잡다함은 사과라는 영원한 객체, 즉 하나의 규정자가 한정해 주기 때문에 사과로 통일된다. 나아가 과거의 사과와 현재의 사과도 역시 영원한 객체로 인해 잡다함을 버리고 명료한 통일성을 지니게 된다.

화이트헤드에 의하면 창조성 역시 영원한 객체의 경우처럼 잡다함을 하나로 통일시키는 역할을 한다. 하지만 창조성과 영원한 객체 사이에는 기능적 차이가 존재한다. 창조성은 우선 일종의 보편자인 영원한 객체와 다르게, 보편자들의 보편자the universal of the universals라고 불린다.[44] 여기서 우리는 화이트헤드가 보편자라는 말을 사용할 때 결코 그가 고중세의 형상과 보편자를 염두에 두고 있지 않다는 것을 다시 한 번 상기할 필요가 있다. 보편자란 그저 이름 그대로 모든 사물 속에 보편적으로 들어 있는 존재를 가리키는 것이다. 또한 단지 그런 존재 중에서 가장 보편적인 것, 따라서 어떤 면에서는 하나의 궁극자로 불릴 수 있는 것이 바로 창조성이다. 창조성은 그야말로 모든 사물에 잠재적으로 들어 있다. 그러다가 그것은 계기가 생기면 현실화되어 나타난다. 그 어떤 사물도 창조성을 드러낸다는 점에서 예외가 없다. 창조성은 말하자면 흐르는 시간 밑에 깔려 있는 잠재적인 내용물인 셈이다.

창조성이 궁극자the ultimate라고 지칭되는 이유도 이런 배경에서 찾아야 한다. 창조성은 모든 현실적 존재들이 하나의 통일된 현실적 존재로 종합되는 데 필수적인 요소가 된다. 그것 없이는 전진과 진보의 형성이 불가능하다. 그래서 궁극적이다. 이런 이유로 창조성은 형성적 요소formative elements라고 불리기도 한다.[45] 새로움을 형성하는 궁극적 기제가 되기 때문이다.

그런데 창조성이 궁극자라 규정될 때 여러 의문이 생겨날 수 있다. 당장 떠오르는 하나의 의문은 다음과 같은 것이다. 창조성이 궁극자이면서 하나의 현실적 존재를 형성하는 요소라 할 때 그것은 전통적인 궁극자들과 어떻게 구별되는가? 예를 들어 창조성은 신God이나 일자the One와 어떻게 다른가?

궁극자로서의 창조성과 관련하여 화이트헤드가 가장 먼저 강조하는 점은 창조성은 궁극자이지만 그렇다고 해서 그것이 독립적인 힘을 가지고 있는 어떤 실체로서 이해되어서는 안 된다는 것이다. 화이트헤드의 도식에서 창조성은 의존적 개념이다. 그의 주장에 따르면 창조성은 언제나 현실적 존재에게 의존하면서 자신의 궁극성을 지닌다.[46] 즉 창조성은 하나의 궁극자로서 존재하면서 그것 없이 모든 존재가 하나의 정체성을 확보할 수 없고 새로운 것이 될 수도 없다는 점에서 궁극적이다. 하지만 그런 창조성 역시 현실적 존재 없이는 궁극자가 될 수 없다는 뜻에서 그것은 의존적이다. 플라톤 철학과 달리 화이트헤드의 철학에서는 언제나 보편자가 특수자 없이 존재할 수 없다. 창조성 역시 현실적 존재를 통하지 않고서는 결코 구현될 수 없다. 화이트헤드의 과정철학에서는 언제나 특수자가 먼저이지 보편자가 우선은 아니다. 따라서 아무리 현실적 존재가 자신의 통일성을 확보하기 위해 전제하지 않을 수 없었던 것이 창조성이라는 궁극자이지만, 창조성 역시 현실적 존재 없이는 구현되지 않는다. "창조성은 그 피조물을 떠나서는 무의미하다."[47]

이렇게 보면 화이트헤드의 창조성은 자기 스스로가 원인이 되는 존재가 아니다. 단지 각각의 현실적 존재가 그것을 구현하는 한도 내에서 존재하는 궁극자이다. 따라서 창조성이 구현된다는 사실은 그것이 자신의 피조물에 의존해 있다는 말이 된다. 또 다른 표현을 빌리면 보편이 특수에 의존해 있고, 어찌 보면 궁극적 실재가 우연에 의존해 있는 셈이다. 화이트헤드의 창조성 개념은 이런 점에서 전통적인 궁극자가 가지고 있는 성격과는 다른 성격을 지닌다.

화이트헤드 체계 내에서 창조성이 궁극자이면서도 이런 위상을 지니게 된 근본적인 이유는 그것이 어떤 면에서 보면 최고의 존재로서의 궁극자이지만 결코 규정자가 아니기 때문이다. 이미 우리는 창조성이 궁극자이고 보편자 중의 보편자이지만 그것이 현실적 존재에 의존한다고 말했다. 이를 철학적인 용어로 표현하면 창조성은 오히려 피규정자이지 규정자가 아니라는 말이다. 이미 말했듯이 창조성이 현실적 존재를 규정하는 것은 아니다. 그것은 영원한 객체가 한다. 따라서 창조성은 오히려 그렇게 규정된 현실적 존재에 의해서 규정된다. 이것이 화이트헤드의 궁극자론이 철학사 내에서 하나의 혁신적인 이론인 이유다.

전통적으로 대부분의 궁극적 실재는 규정자이며 나아가 스스로 존재하는 최고의 실체였다. 그러나 화이트헤드의 도식에서 창조성은 우선 전통적인 의미에서 제일의 실체primary substance가 아니다. 철학적으로 볼 때 제일의 실체란 모든 것이 나오는 존재를 가리킨다. 마치 서구에서 가장 먼저 플라톤 철학을 계승해 기독교 신학에 지대한 영향을 끼쳤던 플로티노스Plotinus의 철학에서 보듯이, 일자가 먼저 실체로서 존재하고 그런 제일의 실체에서 만물이 유출된다는 것이 대부분 서구 철학과 신학이 궁극자에 대해 택한 입장이었다. 그러나 이 관계는 화이트헤드에게서 역전된다. 화이트헤드의 과정철학에서는 우선 제일의 실체로서의 일자 같은 존재가 설 자리가 없다. 모든 사물이 스스로 흐른다고 보는 철학에서는 언제나 일자에서 다자가 나오는 것이 아니라 반대이기 때문이다. 흐르는 시간 속에 다자들이 있고 그런 다자에게서 오히려 일자가 유래한다. 이렇게 창조성은 비록 궁극자이기는 하지만 제일의 실체와는 다르다. 이렇게 본다면 화이트헤드의 도식은 궁극자가 먼저 있고 그것이 모든 것을 생산하는 플라톤적 도식과는 전혀 다르다. 사실 플라톤의 도식을 추종하는 모든 철학이 기술하는 궁극자들은 매우 신학적이다. 그러나 화이트헤드의 창조성은 매우 진화론적이다. 다자가 먼저 있고 그것이 일자로 통일되는 과정에서 창조성이 드러난다는 점을 강조하기 때문이다. 물론 창조성 없이 모든 사물들의 진보를 향해 변화하는 현상이 설명될 수 없다는 점에서 창조성은 궁극자이다. 그러나 그것은 언제나 피조물에 의존적인 궁극자이기에 신과는 위치가 다르다.

어떤 이들은 화이트헤드의 창조성에 대한 이런 진술을 들으면서 스피노자의 무한실체와의 유사점들을 떠올릴 것이다. 어찌 보면 화이트헤드의 창조성은 스스로가 사물들을 통해 표현된다는 점에서 스피노자의 무한실체와 유사점을 지닌다. 그러나 바로 이렇게 우연에 의존한다는 점에서 볼 때 창조성은 자기-원인적이 아니기 때문에 스피노자의 무한실체와는 다르다. 스피노자에게서 무한실체는 스스로가 자기의 원인이 되기 때문이다. 창조성이 신이 아닌 이유는 이런 비교에서도 드러난다. 스피노자에게서는 신과 무한실체가, 말하자면 신과 창조성이 구별되지 않는다. 그러나 화이트헤드에게서는 창조성이 궁극자이기에 신과 창조성이 구별된다. 그렇다면 이제 우리는 자연스럽게 신에 대한 토론으로 나아가지 않을 수 없게 되었다. 도대체 화이트헤드에게 이미 궁극자인 창조성이 있다면 신의 철학적 위상은 무엇인가 하는 질문이 떠오르게 되기 때문이다. 결론부터 짧게 말하고 나서 신에 대한 토론을 수행해 보자. 화이트헤드에게 신은 궁극자가 아니다. 심지어 신은 창조성의 피조물이라고 기술되기도 한다.[48] 이제 신에 대해 화이트헤드가 말하는 바를 본격적으로 살펴보자.

4
신God

서구가 근대를 넘어 현대에 들어섰을 때 많은 철학자들은 신에 대한 토론을 포기했다. 하지만 화이트헤드는 이와 대조적이다. 수많은 현대의 철학자들과 다르게 여전히 신에 관한 이론을 나름 진지하게 펼쳤기 때문이다.

이 점에서 화이트헤드는 여타의 서구의 전통적인 철학적 정신들과 크게 다르지 않은 위치에 서 있다. 서구의 철학자들은 대부분 신에 관한 토론을 멈춘 적이 거의 없었고, 많은 탁월한 철학자 중에는 유신론자가 적지 않았기 때문이다. 철학이 신학의 시녀 노릇을 했던 중세를 극복했던 것은 근대였지만, 심지어 그 이후에도 서구의 많은 철학자들이 유신론적 기조를 유지했다. 데카르트, 라이프니츠는 말할 것도 없고 범신론자로 분류되는 스피노자도 신의 존재를 상정하지 않고는 철학 자체가 전혀 성립되지 않는다. 우리의 실천이성이 신을 요구한다고 주장했던 칸트는 물론, 세계정신과 신을 구별할 수 없다고 보았던 헤겔도 신의 존재를 긍정한다는 점에서 근대의 유신론자이다.

하지만 서구의 근대철학자들이 유신론 논쟁을 포기하지 않았던 근본적인 이유는 단순히 신학적 이유에서만이 아니었다. 그들에 따르면 아무리 근대적 인간이 신에게서 자유롭게 되었어도 인간의 학문은 언제나 신의 존재를 상정해야만 한다고 생각했고, 특히 철학은 신의 존재를 상정하는 한도 내에서 정합적 체계가 잘 유지될 수 있다고 보았기 때문이다.

서구철학자 중 한 명인 화이트헤드도 이런 철학적 전통의 중심에 서 있다. 화이트헤드의 입장에서 볼 때 어떤 면에서 신은 우리가 보다 온전한 철학적 체계를 유지하기 원하는 한 그리고 인간이 문명의 진보를 목적하려 하는 한 반드시 상정해야 하는 존재다. 화이트헤드가 신의 존재를 긍정했던 이유는 이렇게 철학적 이유에서였다.

그러나 화이트헤드가 철학적 정합성을 목표로 신을 도입했다는 말은 많은 설명을 요구한다. 즉 철학적 근거로서의 정합적 체계란 도대체 무엇이며 그것은 왜 중요한가? 그리고 왜 하필 신을 도입해야 철학적 정합성이 유지되는가? 나아가 그렇게 철학적 정합성의 유지를 위해 요구된 신은 정말 궁극자로 취급될 수 있는가?

먼저 철학적 정합성에 대해서 언급해 보자. 철학적 정합성 혹은 정합적인 철학적 체계에 대한 토론은 매우 심오하고 복잡한 형이상학적 문제와 연관되어 있다. 형이상학의 중요한 기능의 하나가 바로 정합적인 철학적 체계의 건립에 있기 때문이다. 따라서 그것에 대한 토론은 뒤에서 따로 공간을 만들어 토론하기로 하고, 여기서는 신과 관련된 기본적인 문제만을 다루자.

화이트헤드가 철학의 정합성을 위해서 신을 요청하지 않을 수 없었다는 사실을 이해하기 위해서는 그가 지금까지 펼쳐 온 철학적 체계에 대해서 잠시 상기해 볼 필요가 있다. 그리고 그의 철학적 체계 중에서 지금 우리의 토론과 가장 가깝게 연결된 내용은 영원한 객체와 창조성에 대한 토론이었으므로 그것을 토론하면서 정합적 체계의 문제와 연결해 보자.

여러 차례 언급되었듯이 영원한 객체는 규정자 문제 혹은 한정자 문제를 다룬다. 잡다한 다자가 일자가 되어 어떻게 정체성을 획득하느냐 하는 문제를 다룰 때 영원한 객체가 동원된다. 한마디로 영원한 객체는 한 사건의 동일성과 정체성을 다룬다. 그러나 영원한 객체는 과거로부터 반복되는 성질에 대해서만 설명하는 개념이었기에, 사건과 계기들이 지속성과 안정성에 대해서는 잘 설명할 수 있어도 그런 것들을 넘어서는 내용들, 즉 어떻게 반복되는 현실적 계기들이 스스로 새 것을 만들어 낼 수 있는지를 설명하는 데는 부족하다. 따라서 이를 설명하기 위해 화이트헤드는 창조성의 개념을 도입하지 않을 수 없었다. 이로써 동일성과 반복성, 그리고 그것을 넘어서는 차이와 새로움을 말할 수 있는 기제가 확보된 셈이다.[49]

그러나 우리가 사건과 계기들이 생성되는 과정을 조금 더 면밀히 들여다 보면 여전히 이런 설명으로도 만족될 수 없는 만만치 않은 철학적인 문제들이 도사리고 있다는 것을 알게 된다. 계기들이 하나의 정체성을 갖는 존재로 생성될 때 가능태에서 현실태로 넘어가는 것이다. 그런데 논리적으로 볼 때 가능태에서 현실태로 넘어가는 것은 언제나 현실적 존재들에 의해 실현되는 것이지 가능성의 영역에 있는 것들에 의해 실현되는 것은 아니다. 예를 들어 빨강색이라는 추상적 존재로서의 영원한 객체가 사과라는 존재를 만들어 내는 것은 아니다. 오히려 그 반대다. 사과라는 현실적 존재가 스스로 정체성을 확보하고 새것으로 거듭나기 위해서 영원한 객체와 창조성에 의존하는 것이다. 사실 추상적 존재는 인간의 사고 작용 속에 존재하는 것들이며 어떤 면에서 볼 때 역동적인 힘이 없다. 따라서 영원한 객체나 창조성은 가능태에 있는 것들을 현실적인 것으로 구현하도록 만드는 데 필수적인 요소들이지만 결함을 지닌다. 그리고 이런 결함을 지니는 근본적인 이유는 그들이 가능태의 영역에 있기에 역동적인 힘과 영향력을 행사하지 못하기 때문이다. 이를 과정철학의 체계를 통해서 설명해 보자.

가능태에서 현실태로 스스로를 형성해 가는 계기들은 영원한 객체와 창조성이라는 도구를 통해 다자에서 일자가 될 수 있다. 그러나 엄밀히 말하자면 영원한 객체나 창조성은 현실적 존재가 스스로를 형성해 가는 과정 속에서 추상, 형식, 형상 등에 해당하는 개념들일 수는 있어도, 힘과 영향력을 행사하는 자, 즉 구체, 내용, 질료에 해당하는 것들은 아니다. 따라서 계기와 사건들이 형성되어 가는 과정 속에는 반드시 구체적으로 힘을 행사하는 존재, 즉 현실적 존재가 필요하다. 이런 이유로 영원한 객체와 창조성은 화이트헤드의 체계 내에서 형성적인 요소이지만 현실적인 존재는 아닌 것으로 기술된다. 그렇다면 우리는 형성적인 요소이면서도 동시에 현실적인 존재를 요구하지 않을 수 없다. 그렇지 않은 경우 정합성이 무너지기 때문이다.

모든 철학은 언제나 자신이 목표로 하는 바를 주장하면서 체계를 세워 나간다. 그러나 대부분의 철학은 정합적 체계에서 흠결을 갖는 경우가 대부분이며, 엄밀히 말하면 하늘 아래 정합적 체계를 완벽하게 유지하는 철학은 없다. 언제나 새로운 인간은 태어나게 되어 있으며 그들은 새로운 사회와 문화를 구축한다. 이런 새로운 문화는 다시 새로운 사고와 관점을 탄생시키면서 기존에 있던 입장을 새롭게 보게 만든다. 기존의 입장은 새로운 관점의 철학에서 보면 여전히 부실하고 흠결이 많은 것으로 드러나게 되며, 새로운 사상적 체계에 의해서 보충받게 된다. 기존에 권위를 갖고 있던 철학이 후대의 사상에 의해서 보완되려 하더라도 더 이상 자신의 체계를 유지할 수 없을 정도로 흠결이 많은 낡은 체계라는 것이 판정되는 순간 후속하는 새로운 체계에 의해서 대체되고 만다. 토머스 쿤Thomas Kuhn이 말하는바, 이른바 정상과학과 비정상과학이 뒤바뀌는 순간이 바로 이 시점이다.[50] 정합적 체계의 철학이 무엇을 의미하는지 토머스 쿤의 정상과학 이론에 적용시켜 토론하면서 그 핵심이 대강 파악되었으므로 이젠 이를 화이트헤드가 말하는 형성적 요소와 신에 관한 토론에 접목시켜 설명해 보자.

　이미 언급한 것을 반복하면 과정철학이 자신의 정합적 체계를 정립하기 위해서는 형성적 요소만으로는 안 된다는 것이다. 그리고 형성적 요소들의 약점은 그것이 가능태의 영역에 있는 존재라는 것이므로, 이제 우리는 형성적 요소이면서도 동시에 현실적인 어떤 존재를 상정하지 않을 수 없다.

화이트헤드 체계 내에서는 형성적 요소이면서도 현실적인 존재가 바로 신이다. 그는 가능태를 현실태로 만들어 가는 존재라는 점에서 영원한 객체 및 창조성과 비슷한 기능을 하지만, 능력에 있어서 한계를 갖는 영원한 객체나 창조성과 다르게 현실적으로 영향력을 지닌다. 화이트헤드에 따르면 현실적 존재만이 가능태를 참으로 현실적으로 구현시키는데, 이는 현실적 존재인 신의 기능이 없이는 불가능하다. 또한 신은 이를 두 가지 방향에서 수행한다. 하나는 영원한 객체를 정리, 정돈하여 정합적으로 만들어 놓는다. 다른 하나는 사물과 계기, 사건들이 스스로를 형성해 갈 때 그들이 새것을 위해 내리는 결정의 첫 부분을 담당한다. 이를 다시 자세히 풀어 보자.

첫 번째는 영원한 객체에 관한 것이다. 예를 들어 빨강 색 사과가 있을 때, 그것은 세모난 형태를 지니지 않는다. 빨강과 세모는 사과 안에서 조화되지 못한다. 빨강과 원이라는 특성이 조화되어야만 사과가 성립된다. 물론 억지로 삼각형의 틀을 만들어 사과를 그 속에 넣고 사과를 자라게 하면 세모가 될 수 없다는 것은 아니다. 그러나 우리가 사과를 정의하고 규정할 때는 빨강과 세모가 연대성 속에 있어야만 한다는 것이 변하지 않는다. 이렇게 영원한 객체들 사이에 조화된 관계가 성립되어야만 한다는 것은 수학에서 특히 중요하다. 만일 영원한 객체가 정합적으로 조화되지 않으면 수학은 성립되지 않는다. 그렇다면 '1+1=2'는 반드시 수학적으로 진리일 필요는 없다. 하나의 존재와 다른 하나의 존재가 합쳐질 때 1이라는 형상과 다른 1이라는 형상은 동일하기에 부드럽게 조화된다는 사실이 전제되어야만 한다. 즉 영원한 객체로서 두 개의 숫자가 정합적으로 조화되는 한도 내에서만 수학적 덧셈이 옳게 된다는 말이다. 그런데 이렇게 영원한 객체를 조화시키는 능력은 창조성과 같이 잠재태의 존재들로서는 감당해 낼 수 없는 기능이다. 그것은 오로지 현실적 존재만이 할 수 있는 일이다. 현실적 존재에 원천을 두지 않는 모든 추상적 관념들이 허구요 무라는 것을 우리는 앞에서 보았기 때문이다.

그렇다고 현실적 존재들 스스로가 영원한 객체를 정합적으로 조화시키는 것은 더욱 아니다. 정합적으로 조화시키는 것은 정신적 능력인데, 영원한 객체는 일종의 초월자들이므로 그 일은 초월적 능력을 지닌 별도의 현실적 존재가 담당해야만 한다.

화이트헤드에 따르면 신의 본성은 영원한 객체들을 조화롭게 관계되도록 하는 존재다. 영원한 객체들은 비록 영원하고 초월적이 존재이지만 언제나 혼돈 가운데 있다는 점에서는 현실적 존재와 마찬가지 상황에 있다. 빨강과 분홍은 인간의 차원에서는 비교와 대조가 되어도 결국 유사함과 차이는 규정되지 못한다. 경험적 세계 속에 있는 현실적 존재들 스스로는 그런 일을 행할 수 없기 때문이다. 따라서 우리는 이런 작업을 수행할 수 있는 초월적인 현실적 존재를 요청하지 않을 수 없다.

신의 파악, 이른바 화이트헤드의 용어로 신의 '직시envisage-ment' 혹은 '마음속에 품는 행위'가 있기에 영원한 객체들은 이질적인 관계에서 연접적인 관계 속에 있도록 정리, 정돈된다. 그들 사이에 진정한 의미에서 서로 비교와 대조가 가능하게 되며 동일함과 차이가 만들어진다. 이런 기능을 하는 신의 능력을 화이트헤드는 신의 원초적 본성The Primordial Nature of God이라 칭한다. 말하지면 신은 자신이 원초적 본성을 통해 영원한 객체들을 조화시키고 관계시킨다. 여기서 원초적이라는 말은 영원한 객체가 본질에 있어서 무시간적이기에, 그것을 마음에 품는 신도 무시간적이라는 것을 의미한다. 즉 시간이 적용되지 않기에 원초적이라는 말이다. 그리고 '직시한다' 혹은 '마음에 품는다'는 말은 신이 그것을 만들거나 규정하지는 않지만 그것을 직관적으로 감지한다는 뜻이다. 다시 말해서 영원한 객체는 결코 신이 만든 것이 아니다. 플라톤의 이데아론과 데미우르고스 이론에서 보이듯이, 이데아는 언제나 데미우르고스보다 먼저 존재하는 것이지 만들어진 것이 아니다.[51] 만일 절대적 제작자인 신이 영원한 객체의 관계를 만들어 내거나 규정하는 존재라면 인간에게서 자유를 앗아 가게 되는 문제를 발생시킨다. 나아가 세상에 존재하는 모든 악에 대해 신이 책임을 져야만 하는 문제도 생겨난다. 또한 이 경우 모든 우연과 필연의 차이가 사라지고 필연만 남던지 아니면 우연만 남게 될 것이다. 필연이란 여러 가지 가능성 중에서 오로지 하나의 가능성만 있었고 그것만이 현실화되었다는 것 아닌가? 예를 들어 신이 '1+1=2'가 되도록 영원한 객체를 직시하는 것이 아니라, 그 자체를 신이 만들었다고 치면 결국 우리는 그 법칙이 적용되지 않는 어떤 예외적인 상황에 대해서 말할 수 없게 될 것이다. 물론 '1+1=2'는 보편적인 수학 법칙이다. 그러나 그것은 현실적 존재들이 그것을 그렇게 되도록 만드는 어떤 환경과 조건이 주어지는 한도 내에서 그런 것이지, 오로지 신 때문에 필연적이 되는 것은 아니라는 말이다.[52]

또 다른 예를 들어 설명해 보자. 사과가 동그랗다는 것은 보편적인 사실이다. 그러나 사과에 유전자 변형을 가하는 과학자라는 현실적 존재는 물론 사과나무라는 현실적 존재, 그리고 바람과 온도 등의 현실적 계기가 작용할 때 어떤 경우 세모난 사과가 탄생될 수 있다. 이런 차원에서 볼 때 신은 사과 내의 동그란 성질로서의 영원한 객체를 직시할 수는 있어도 반드시 규정할 수는 없다는 의미가 된다. 이런 문제는 도덕과 관련해서 더욱 중요하다. 만일 인간을 목적으로 대하는 정신이 필연적으로 존재하지 않게 된다면 세상의 도덕은 상대성에 빠지게 될 것이다. 이것이 일찍이 칸트가 역설했던 바가 아니겠는가?[53]

이렇게 영원한 객체는 (본시 신이라는 현실적 존재가 없다면) 중요한 기능을 수행하는 데 있어 결함을 갖게 된다. 영원한 객체가 갖는 한정성의 기능도 문제가 될 뿐만 아니라, 새것을 일으키는 기능도 문제가 된다. 신의 원초적 본성에 의해서 질서 정연하게 파악된 영원한 객체들이 있기에, 현실적 존재들은 자신의 결정 속에서 영원한 객체들과 법칙들을 이상적인 목표로 받을 수 있다. 이상적인 목표로 기능하는 영원한 객체와 그것들이 만들어 내는 법칙들은 현실적 존재들이 스스로를 구현하려 결정 내릴 때 그 단계의 첫 부분을 담당하게 된다. 인간은 결정을 내릴 때마다 첫 단계에서 신으로부터 주어지는 이상적인 목표를 감안하면서 그것에 자신의 목표를 맞추어서 결정을 내리는 덕택에 우리의 사회와 우주 내에 질서가 존재하게 되는 셈이다.

이제까지 우리는 신이 어떻게 우주 내에서 일종의 초월적인 기능을 갖는지 살펴보았다. 반복하지만 한정자로서의 영원한 객체는 분명히 현실적 존재가 만들어 내는 것이 아니다. 그것은 초월적인 영역에서 온다. 신이라는 초월적 영역의 존재가 그것을 원초적으로 파악한 덕분에 영원한 객체의 무시간성이 보장되기 때문이다. 그러나 모든 규정이 신에 의해서 가능한 것은 아니다. 빨강 사과를 놓고 볼 때 순수한 가능태로서의 빨강 자체는 변하지 않는다. 빨강은 현실적 존재들의 주관적 결정의 영향과 상관없이 독립적인 면이 있다. 이렇게 현실적 존재의 주관적 결정과 관련이 없는 독립적인 것은 순수 가능태로서의 영원한 객체라 할 수 있다.[54] 이렇게 현실세계 내에 존재하는 순수 가능태로서의 영원한 객체는 수학이나 물리학과 관련된 법칙을 구성한다는 것을 알 수 있다. 그러나 같은 가능태라 할지라도 법질서의 가능태는 항상 불변하는 것이 아니다. 법질서와 같은 가능태로서 영원한 객체조차 인간의 현실과 같이 변화무쌍한 세계와 관련될 때엔 현실적 존재의 환경에 의해서 바뀔 수도 있다. 화이트헤드는 이런 가능태를 실재적 가능태라 부른다.[55] 실재적 가능태란 현실적 존재 안에 이미 구현되어 있는 영원한 객체로서 그것들은 후속되는 현실적 존재들에 의해서 얼마든지 패턴이 바뀔 수도 있다. 특히 후속하는 영원한 객체가 인간의 정신 안에서 발생되는 경우 이런 혁신은 더욱 강도 있게 발생하게 된다.

이는 합리주의와 관련해서 재미있는 토론을 만들어 낼 수도 있다. 또한 화이트헤드에게 신이 도입된 것이 철학적 이유 때문이라는 사실을 강화한다. 즉 신은 철학적으로 보다 합리적인 체계를 완성시키는 도구적 장치이다. 이때 이 말의 뜻은 신만이 합리성을 보장한다는 말은 결코 아니다. 이는 전통적인 신학이 주장하던 방식이며 화이트헤드의 것과는 다르다. 화이트헤드에게 합리성이란 체계 내의 궁극적인 관념들, 즉 창조성, 일, 다 등과 그것을 규정하는 개념들로서의 신, 영원한 객체, 창조성 등이 서로 한정하면서 논리적 일관성과 정합성을 지닐 때 가능하게 된다. 그러므로 신은 이런 체계 내의 합리성을 가능하게 만들기 위해서 꼭 필요한 장치 중의 하나이다. 그러나 합리성이 그에게 의존한다는 말의 뜻이 체계 전체의 합리성을 신이 책임지고 있다는 것은 아니다. 신이 철학적 체계를 더욱 합리적 체계로 만드는 하나의 필수적인 요소라는 말이다.

이제는 현실적 존재로서 신의 두 번째 기능에 대해서 토론해 보자. 우리는 앞에서 모든 존재와 사건들이 스스로를 형성해 갈 때 그들이 새것을 위해 내리는 결정의 첫 부분을 담당하는 것이 신의 두 번째 기능이라 했다. 신의 이런 기능은 이른바 고등한 존재인 인간에게 적용되어 자유의 근원이 된다.

철학적으로 자유에 대해서 말하는 것은 철학자의 가장 큰 과제 중 하나다. 특히 오늘날과 같이 기계론과 인과율이 지배하는 세상에서 인간이 자유로운 존재라고 주장을 펼치는 것이야말로 가장 큰 과제 중의 하나다. 자연과학의 발견이 모든 학계에 널리 퍼져 있는 오늘날, 철학자들은 자연이 인과율과 법칙에 의해 지배된다고 할 때 그것이 인간에게도 적용된다고 보기도 한다. 문제는 이 경우 인간의 자유는 보장되지 않는다. 그렇다면 화이트헤드는 자유에 대해서 어떻게 말할까?

물론 화이트헤드는 자연 내의 인과율에 대해 결코 부정하지 않는다. 특히 그는 모든 사건이 동일하게 반복되며 존재하는 한, 그것들이 과거의 힘에 종속되어 있다는 것을 인정한다. 그렇지 않으면 현재는 과거의 산물이라는 인과율도 성립되지 않을 것이기 때문이다. 그렇다면 과연 화이트헤드는 오늘의 포스트모더니스트 계열의 철학자처럼 우연성이나 우발성을 강조하지 않는 기계적으로 결정된 세계에서 어떻게 이상과 자유를 말할 수 있을까?

화이트헤드는 여기서 신을 끌어들여 문제를 해결하려 한다. 그는『과정과 실재』에서 "신은 각각의 시간적·현실적 존재의 창조자라 할 수 있다"[56]라고 갈파한다. 여기서 신이 현실적 존재의 창조자라고 말할 때 이는 신 없이 현실적 존재가 새로운 것을 창조해 낼 수 없음을 말한다. 화이트헤드에 따르면 하나의 현실적 존재로서의 인간은 과거에 의해서 지배된다. 특히 그의 물리적인 부분은 과거의 반복이며 이런 의미에서 그는 결정된다. 화이트헤드가 "현실적 존재의 합생은 내적으로 결정되어 있되, 외적으로는 자유롭다"라고 말할 때[57] 여기서 내적으로 결정된다는 뜻은 바로 인간의 물리적인 파악이 과거의 반복에 의존한다는 것을 말한다. 그러나 다른 한편 현실적 존재는 과거뿐만이 아니라 미래와도 관련한다. "외적으로 자유롭다"는 말은 그런 뜻이다.

예를 들어 한 인간이 흡연에 중독되어 있을 때 물리적인 환경으로서의 생리적 습관은 흡연의 중독에서 벗어나기 어렵게 만든다. 몸 안의 모든 사건이 과거의 반복적 패턴에 얽매여 있기 때문이다. 그러나 인간은 지적인 동물로서 자신의 사고능력 덕택에 흡연의 해악에 대해서 듣고 난 후 하나의 결정을 내릴 수 있다. 그리고 이런 결정은 과거의 작용에 대해 반작용을 일으킬 수 있다. 이렇게 과거의 영향력에 대해서 과감하게 부정하는 능력은 그가 담배의 해악에 관해 들어 본 후 과거에는 없었던 새로운 결정을 내렸기 때문인데, 이런 결정의 개념적 부분을 이루는 것은 스스로에게서 왔다고 말하기 힘들다. 그것이 스스로에게서 왔다고 말하는 것은 엄밀히 말해서 신체와 연결된 물리적 파악에 의해서 지배되었을 확률이 크기 때문이다. 즉 과거 안에 있었던 습관의 핵심 부분으로서의 물리적 부분이 현재 나의 결정에 우선적으로 영향력을 행사했을 것이기 때문이다.

그러나 동시에 우리는 한 현실적 존재의 결정과정에는 스스로에게서 온 것, 즉 주체적인 부분도 있다는 것을 인정하지 않을 수 없다. 화이트헤드의 용어로는 이를 주체적 지향subjective aim이라고 명명한다.[58] 화이트헤드에 따르면 이런 주체적 지향의 첫 부분은 이상적인 지향에 의해서 유혹을 느끼게 되어 있다. 다시 말해 흡연의 해악에서 벗어나야 한다는 이상적 지향(목적)은 흡연을 즐기는 한 인간의 결단 중 첫 번째 과정을 차지하며 유혹한다는 뜻이다. 물리적인 세계에서 살아가는 현실적 존재들, 특히 개념적 파악의 능력이 약한 존재들은 이상적인 목적이 제시하는 목표를 따르는 데 어려움을 느끼게 되어 있다. 하지만 인간과 같이 개념적 파악의 능력이 강하게 발달한 존재들은 이상적 목적을 지향함에 있어 뛰어난 능력을 지녔기에 과거의 반복에서 쉽게 벗어날 수도 있다. 이렇게 하나의 현실적 존재가 주체적 결정을 하는 데 최초의 유혹으로 기능하는 부분은 바로 신에게서 제공되는 것이다.[59]

화이트헤드가 신이 현실적 존재의 창조자라고 말한 것은 이런 뜻에서이며 우리는 인간이 어떤 면에서 과거의 결정에서 자유로울 수 있는지 알게 된다. 하지만 여기서 조심할 것이 있다. 만일 이런 뜻에서 신이 인간의 창조자이고, 그런 근거 위에서 인간의 자유가 형성된다면 이는 진정한 의미에서 자유라고 말하기 어렵게 된다. 결국 인간의 결정이 신에 의해서 좌우된다는 말은 인간이 자유로운 존재가 아니라는 말이기 때문이다.

그러나 화이트헤드의 철학은 여기서 비록 인간과 신이 서로 관계되어 자유가 탄생될지라도 그런 자유를 가진 인간은 충분히 자유로운 존재가 될 수 있다고 보는 셈이다. 왜냐하면 신으로부터 제공되는 이상적인 목표가 인간의 주체적 지향에서 단지 초기 부분만을 차지했고 나아가 유혹의 기제로만 작동했기 때문이다. 다시 말해서 인간은 주체적 결정 속에서 얼마든지 신에게서 제공된 이상적 목표를 따르지 않을 수 있었고, 유혹에서 벗어나 스스로 주체적인 결정을 따를 수도 있었기 때문이다. 하지만 만약 신이 결정의 최초 단계에서 이상적 목표를 외면한다면, 인간은 과거의 물리적 영향력으로 다시 환원되거나 과거의 현실적 존재 안에 있는 영원한 객체를 다시 선택하는 것 이외에 다른 선택을 하지는 못할 것이다. 그리고 이 말은 결국 인간이 과거에서 충분히 자유롭지 못하다는 것을 의미한다. 바로 이런 이유 때문에 화이트헤드는 인간이 새로운 결정을 내리는 데 신의 개입을 요청하지 않을 수 없다고 보는 것이다.

우리는 여기서 어려운 철학적 문제에 직면하게 된다. 과거에서 벗어나기 위해서 신의 유혹을 사용해 새로움을 창조할 것인가, 아니면 (스스로의 과거가 가지고 있는) 영원한 객체가 주는 이상적인 것에만 의지해 새로움을 만들어 갈 것인가의 선택

말이다. 화이트헤드에 따르면 비록 하나의 철학이 자신의 자유를 위해서 신의 존재를 요청할 때, 만약 신이 독단적이고 일방적인 힘을 행사하는 군주적 유형의 신이 아니라면 결국 인간의 자유는 충분히 확보될 수 있다고 본다. 적어도 화이트헤드의 도식에서 신은 일방적이고 강압적인 결정을 내릴 수 없는 존재라는 것이 분명히 전제되었기 때문이다. 모든 것이 하나의 과정적 존재인 화이트헤드의 도식에서는 신 역시 현실적 존재가 향하는 미래의 결과에 대해서 완전히 예측할 수 없는 존재이다.

이제 마지막으로 한 가지 추가적인 문제만 다루고 이 절을 마무리하자. 즉 화이트헤드의 신은 과연 영원한가 하는 문제다. 여기서 이 질문은 물론 철학적인 질문으로서 제기된 것이지, 종교적인 질문으로서 제기된 것은 아니다. 종교인들이 화이트헤드를 읽을 때 신의 영원성에 관심을 갖는 것이야 당연하겠지만, 여기서 우리가 이 문제를 다루는 우선적인 목적은 과연 화이트헤드의 '과정'사상이 신의 '영원성'을 말할 수 있을까 하는 철학적 관심 때문이다. 즉 모든 것이 생성하고 소멸하는 것이 과정철학의 원칙이라 할 때 이는 신에게도 예외일 수 없다. 특히 화이트헤드는 신을 현실적 존재라 했고, 현실적 존재란 생성 소멸하는 특성을 본질로 하기 때문이다. 정말 과정철학에서 신은 영원할 수 있을까?

우선 신의 영원성은 그가 영원한 객체를 직시하고 마음속에 품고 있는 존재라 기술될 때 일정 부분 보장되기는 한다. 영원한 것을 마음속에 품고 있는 존재가 영원하지 않을 수는 없기 때문이다. 그러나 이 말의 본래 뜻이 신의 관점이 영원하다는 사실을 의미하는 것으로 해석될 수는 있어도, 그것이 참으로 신이라는 '존재'가 영원하다는 것을 의미하는 것으로 해석되지는 못할 수도 있다. 왜냐하면 현실적 존재로서의 신의 '존재' 역시 화이트헤드 체계 내에서는 여전히 생성과 소멸을 겪을 수도 있기 때문이다.

여기서 화이트헤드가 택한 하나의 해답은 현실적 존재와 현실적 계기를 구분하는 것이다. 화이트헤드는 현실적 존재와 현실적 계기를 분명히 구분한다. 물론 양자의 기능은 동일한 의미를 갖는다. 이미 말한 바대로 현실적 존재나 현실적 계기나 생성과 소멸을 겪는 존재를 뜻하는 것이기 때문이다. 그러나 앞에서 보았듯이 존재는 그야말로 어떤 '것entitiy'을 번역한 것뿐이고, 계기란 'occasion'으로서 '사건'적 의미를 더 잘 나타내는 단어이다. 따라서 양자에 차이가 있다면 '것'이라 번역된 'entity'는 미립자와 같은 미시적 사건들로부터 그것을 넘어서는 거시적 사물을 모두 포함할 수 있는 중립적인 단어이며, 계기란 보다 어떤 사물로 표시될 수 없는 미시적 사건으로서 존재하는 것들만을 지시하려는 의도가 있을 뿐이다. 그런데 화이트헤드는 유독 신에게는 현실적 계기라는 표현을 쓰지 않고 현실적 존재라고 명하였으며, 자신의 체계에서 '진정한' 현실적 존재가 신이라고 주장하였다. 그렇다면 이런 표현은 그가 신의 속성 중 생성과 소멸의 문제를 염두에 두고 도입한 것이라 볼 수 있다.

화이트헤드가 이런 식으로 신을 규정하는 이유는 물리적 시간의 문제 때문이라 할 수 있다. 즉 물리적 시간이란 그야말로 쪼갤 수 있고 경험할 수 있는 단위의 시간이라 생성과 소멸의 경계를 갖는다는 것이다. 하지만 신과 같은 존재는 이런 물리적 시간의 바깥에 존재해야만 한다. 왜냐하면 만일 신이 영속하는 존재가 아니라면 그가 영원한 객체를 마음속에 품을 수 없기 때문이다. 이런 이유로 화이트헤드는 신을 현실적 존재라 기술한 것이다.[60] '계기'라는 표현보다는 '존재'가 생성과 소멸의 법칙에서 자유로울 수 있기 때문이다. 그러나 아무리 신의 존재가 영원성을 갖는다고 하더라도 화이트헤드에게 그 영원성이 결코 실체적인 영원성을 의미할 수는 없다. 화이트헤드의 체계 내에서 하나의 존재는 실체가 아니기 때문이다. 그렇다면 신의 영원성은 영속성, 영어로 포현하면 'everlasting'의 의미로서 기술되는 것이 정확하다.

물론 신이 이렇게 일종의 영속하는 현실적 존재라고 하더라도, 그것은 결코 실체와 같지 않다. 이미 말한 바와 같이 화이트헤드는 신을 현실적 존재라고 말하지 현실적 실체라고 말하지 않았다. 그러나 만일 우리가 신의 영속하는 속성을 신에게 대입시킬 때 이런 속성이 일종의 사회society가 될 수는 있다. 하지만 이때의 사회는 고정된 하나의 동일성이 먼저 있고 그것이 시간의 경과 속에서 생성-소멸하는 성질의 사회가 아니다. 그런 사회는 전통적인 의미의 실체와 다를 바 없는 존재이며, 이는 화이트헤드가 가장 적극적으로 반대하는 개념이기 때문이다.

따라서 오늘날 화이트헤디안들은 이 문제를 놓고서 두 파로

갈려서 논쟁하는 중이다. 하지만 필자의 소견에 따르면, 만일 신이 사회라고 할지라도 화이트헤드 체계 내에서 '사회'는 어차피 생성-소멸하는 현실적 계기들의 종합으로 이루어진다는 점에서 볼 때, 신을 사회로 보아도 크게 문제될 것은 없다. 생성과 소멸을 경험하는 사건들로서의 신이 먼저 있는 것이지, 동일자로 고정된 신의 존재가 먼저 있고 그 다음에 경험하는 것이 아니기 때문이다. 또한 바로 이런 해석을 통해 과정 사상의 생성-소멸에 대한 주장과 영속성에 대한 주장이 절묘하게 조화될 수 있다고 생각한다.

4

유기체 철학의 특징과 공헌

1
합리주의와 비합리주의

철학이 많은 사람에게 여전히 매력적인 학문인 이유는 그것이 합리적이기 때문일 것이다. 철학자의 소명 중 하나는 사물에 대해 '분명하고 뚜렷하게clear and distinct' 혹은 전문 용어로 명석하고 판명하게 판단하고 그것에 의지해 해당 사물과 사건이 우주에서 차지하고 있는 위치와 관계적 위상을 잘 설명해내는 것이다. 데카르트는 이를 합리주의 혹은 이성주의에 입각해서 추구했고, 합리주의와 대립각을 세웠던 로크나 흄 등은 관찰과 실험에 기초해 구체적인 경험에서 출발하는 경험주의를 강조했다.

이들과 대조적으로 화이트헤드는 칸트처럼 중간의 길을 갔다. 그는 분명히 경험주의 전통에 충실한 영미철학자 중의 하나이다. 하지만 화이트헤드가 다른 영미철학자들과 차별성을 갖는다면 자신의 철학에 형이상학적 체계를 끌어들였다는 것이다. 우리가 앞에서 보았듯이, 인간이 보다 합리적인 사유를 펼치기 위해서는 논리적인 일관성logical consistency과 정합성 coherence이 필수적이다.[61] 화이트헤드는 그러기 위해 사유의 범주들과 그것을 사용하는 학문의 영역들을 조직적으로 체계화할 수 있는 이상적인 형이상학의 구축이 중요하다고 보았다. 하나의 형이상학적 체계만이 삼라만상에 존재하는 혼돈의 세계를 잘 정돈된 질서의 세계로 환원시키면서 합리적으로 분석할 수 있게 만든다고 믿었기 때문이다. 이런 의미에서 그는 어떤 면에서 경험주의 철학자로 불리면서도 다른 한편으로는 합리주의자다. 인간의 구체적 경험에서 출발하는 경험을 중히 여기면서도 동시에 사변이성의 역할은 물론 논리적 체계의 중요성을 강조하기도 했다.

그러나 어떤 이들은 화이트헤드의 이러한 철학적 경향에 고개를 갸우뚱할 수 있겠다. 심지어 화이트헤드의 철학이 합리주의적 경향을 띠었다는 분석에 동의하지 않을 수도 있겠다. 왜냐하면 생성과 과정의 철학은 본래 합리주의에 기반하는 것이 태생적으로 불가능하고 그것을 수호해 낼 능력도 없다고 믿기 때문이다.

이런 생각을 펼치는 이들은 생성과 과정의 철학이 우선 시간의 철학이라는 점에 착안해 그렇게 생각할지도 모른다. 앞에서 보았듯이 시간의 철학은 만물이 흐름 속에 있다고 해석한다. 그런데 흐르는 모든 것은 고정되는 것이 불가능하지 않던가? 그렇다면 생성과 과정 속에서 사물은 사유의 대상이 될 수 없을 것이다. 인간이 어떤 대상을 사유할 수 있으려면 그것은 언제나 공간에 하나의 위치를 점하고 있어야 한다. 그렇지 않으면 인식 주체의 관찰에 잡히는 것이 불가능하기 때문이다. 한마디로 생성과 과정 속에 있는 것들은 동일성의 확보가 불가능하기 때문에 정체성의 파악이 불가능하다. 규정이 불가능하므로 합리적인 접근을 넘어서게 된다. 생성과 시간의 철학자였던 베르그송이 반주지주의의 길을 갔던 것도 바로 이런 이유에서다. 역시 생성의 철학의 태두 중의 하나인 니체가 합리주의와 이성에 대해 혹독한 비판을 가하면서 외롭게 비합리주의의 길을 걸어갔던 것도 동일한 이유에서다.

특히 니체가 모든 종류의 합리적인 체계를 불신했던 이유는 그가 대부분의 인식론적 개념들을 단지 허구적 사유의 산물로 취급했기 때문이다. 그의 입장에서 볼 때 합리적인 도구로 사용되는 인식론의 모든 도구들과 범주적 장치는 인간이 자신의 욕망과 필요를 충족시키기 위해 만들어 낸 조작의 산물일 뿐이었다. 그러므로 많은 경우 사변적 합리성과 그것에 근거한 철학적 주장은 근거가 없는 것이며 불가능하고 단지 공허한 환상의 산물일 뿐이다.

물론 니체의 이런 생각은 때로 과하게 보이는 면이 있다. 하지만 그의 철학이 오늘날에도 여전히 많은 추종자를 확보한 이유 중 하나가 바로 철학의 허구성과 인간 이성이 가진 능력의 허망함을 적나라하게 폭로했다는 사실에 있을 것이다. 게다가 오늘의 자연과학은 니체의 입장을 지지할 수밖에 없도록 만드는 과학적 결과들을 통해 비합리주적 주장을 강화해주고 있다.

잘 알려져 있다시피 합리주의적 전통에 회의를 표시하는 가장 대표적인 학자로서 우리는 괴델Kurt Goedel과 하이젠베르크Werner Heisenberg를 꼽을 수 있을 것이다. 수학자였던 괴델에 따르면 인간이 진리에 가장 확실하게 접근할 수 있는 확실한 합리적 장치라고 알려진 수학마저도 불완전한 공리에 근거해 있다. 불확정성의 원리로 유명한 하이젠베르크는 모든 이론적 주장이 관측 방법의 선정에 따라서 달라진다는 입장을 취했다. 이렇게 모든 것이 불완전하고 불확정적임이 드러나고 모든 이론적 주장이 합리성을 담보하기 어렵다는 것이 밝혀진 학문적 풍토에서, 게다가 시간과 생성의 철학에 근거한 과정철학을 펼치는 화이트헤드가 과연 아무런 문제 없이 합리주의를 지속적으로 견지할 수 있을까? 또한 그는 정말 합리주의자인가?

단도직입적으로 말해 화이트헤드는 이 문제에 대해 두 얼굴을 지녔다고 해석할 수 있다. 일차적으로 그의 철학은 명백히 시간의 철학과 생성의 철학이 가진 비합리주의 전통을 계승하고 있다. 그는 자신의 과정철학을 펼칠 때마다 종종 합리주의의 한계에 대해 지적하는 것을 잊지 않는다. 특히 그는 이따금 저서 곳곳에서 현대의 대표적 합리주의 철학 사조 중의 하나인 실증주의 철학에 비판적인 태도를 견지한다. 실증주의자들은 오직 감각경험에 의해 걸러질 수 있는 이론만을 합리적인 것으로 간주할 수 있다고 보는데, 화이트헤드에 따르면 실증주의가 생각하는 방식으로 해석된 경험은 인간의 풍부한 경험 중에서 단지 표피적인 면만을 건드리는 데서 그치는 한계를 지닌다고 한다. 이런 의미에서 실증주의는 참된 의미의 합리주의를 말할 수 없다고 한다.

물론 화이트헤드는 자신의 철학도 어떤 경우에 비합리주의를 결과할 수 있다는 것을 인정한다. 그 이유는 그의 철학이 다른 철학이 아니라 과정철학이기 때문이다. 과정철학은 사물의 과정성과 시간성에서 출발하는 학문이다. 과정성이란 시간의 흐름에서 보는 것인데, 만일 어떤 대상이 흐름 속에 있다면 우리는 그것을 잡을 수 없다. 그러므로 모든 시간의 철학, 모든 과정철학은 비합리주의적 경향을 띨 수밖에 없다. 이런 경향의 극단적인 표현이 베르그송이다.

베르그송Henri Bergson은 시간의 철학을 극단적으로 몰고 나가서 모든 인간 이성의 작업, 보다 정확히 말해 인간 지성의 작업은 그것이 시간을 잡으려는 한 실패할 수밖에 없다는 것을 갈파했다. 왜냐하면 인간의 지성은 시간을 순수한 지속으로 보는 것을 방해하기 때문이다. 그러기에 시간을 올바로 파악하기 위해서 인간은 직관을 사용해야만 하며, 지성에 의지하는 행위는 일종의 타락이라고 보았다. 베르그송에 따르면 과정과 생성의 철학은 오로지 시간의 흐름에만 의존해 사유해야 하며, 이는 사물과 사건을 파악하면서 일체의 공간화를 거부해야 한다는 것을 의미한다. 한마디로 말해 베르그송에게 시간은 공간화될 수 없다는 의미에서 순수지속이다.

생성과 과정의 철학자인 화이트헤드는 베르그송에 많은 부분 동의한다. 하지만 그럼에도 베르그송의 비합리주의와 반주지주의가 시간의 철학을 너무 보편적으로 사용하다 빚어낸 과욕의 산물이라고 보았다. 우선 베르그송의 노선을 그대로 따라가면 우리가 동일성에 대해서는 말할 수 있지만 차이에 대해서는 말하기 힘들다고 본 것이다. 물론 베르그송은 이에 동의하지 않을 것이다. 베르그송에 따르면 순수한 지속은 시간의 막힘없는 흐름이지만, 그렇다고 해서 그것이 차이를 창출하지 못하는 것은 아니라고 한다.『창조적 진화』라는 제목의 저서를 출간했듯이, 베르그송은 언제나 창조, 새것, 차이 등에 관심을 두었다. 따라서 그의 순수지속으로서의 시간은 언제나 이질적인 차이를 품고 있는 생성과 과정을 말할 수 있다고 생각한다. 아마 화이트헤드는 이 지점까지 베르그송에 대해서 불만이 없을지 모른다. 하지만 베르그송의 철학이 바로 그곳에 멈춘다는 것이 문제인데, 왜냐하면 이질적인 차이를 품고 있는 생성과 과정으로서 시간의 연속은 진정한 의미에서 어떻게 이질적 차이를 말하는지 논리적으로 설명하기 힘들기 때문이다. 베르그송은 그가 어떻게 이질적 차이를 말할 수 있는지, 왜 순수지속이 차이의 잠재성을 지닐 수 있는지에 대해 사람들을 이해시키는 데 항상 어려움을 제공해 왔다. 그에 따르면 우리는 지성을 사용하기보다는 우선적으로 직관을 통해서 이런 모든 문제에 접근해야 한다고 보았는데 이것이 그를 반주지주의 혹은 비합리주의자로 해석할 수 있는 여지를 남겼다고 볼 수도 있다.[62] 화이트헤드가 이런 문제에 어떻게 합리적으로 접근하는지에 대해서는 지면 관계로 생략하기로 한다. 참고로 방금 앞에서 인용한 주에서 그 핵심 개념만이 짧게 소개되었다. 혹시 관심이 있는 독자는 화이트헤드의 저서인 『과학과 근대세계』의 7장, 즉 '상대성 원리'라는 부분을 읽어 보기 바란다. 이 저서에서 화이트헤드는 시간이란 본래 지속적이고 연장적이라는 것에 동의하지만 이는 가능태의 세계에서만 그러한 것이며 현실태의 세계, 즉 현실적 존재의 수준에서 실현될 때는 지속으로서의 시간이 원자화된다고 주장한다.[63]

하지만 그렇다고 해도 화이트헤드의 과정사상도 시간의 철학을 고수하는 이상, 어떤 면에서는 비합리주의를 용인할 수밖에 없다. 그러므로 여기서 우리는 그의 사상이 어떻게 비합리주의와 가까운지 먼저 토론해 보자. 앞에서 토론했지만, 우리 인간은 인식의 과정에서 필연적으로 추상화를 사용할 수밖에 없다. 왜냐하면 과정이란 편린과 조각에 의지한 사고의 방법이기 때문이다.

이렇게 과정을 시간의 흐름을 따라 사유할 때 화이트헤드가 그것을 특히 국면phase이라 명명한다고 했다. 인간은 사유할 때 과정적으로 나뉜 국면들을 따라 생각하게 되므로 이는 우리로 하여금 하나의 관점의 한계에 갇히게 만든다. 그리고 이는 추상화抽象化, abstraction로 이어진다. 추상화란 우리에게 주어진 사물의 진면목 중에서 어떤 파편, 조각, 국면과 같은 제한된 관점에서 나에게 걸러진 것만을 끌어내어(抽) 그림(像)을 떠올리는 행위이기 때문이다. 과정이라는 개념에 천착한 화이트헤드의 철학은 인간이 인식의 작용에서 왜 추상화를 사용하지 않을 수 없는지 그 불가피성을 잘 보여 준다고 하겠다.

그런데 추상화는 문제를 일으킨다. 추상화가 일으키는 문제는 무엇인가? 앞 절에서 본 바대로 추상화의 문제는 해당자의 제한된 관점에 의해 걸러진 것만을 본다는 것이다. 사물의 전체 모습과 진면목 중에서 일부만을 본다는 것이다. 그러므로 그런 상은 전체상에 대한 왜곡이며, 따라서 편협함과 편견을 피할 수 없다는 것이다. 모든 인간이 사유의 과정에서 편협과 편견에서 벗어나지 못하는 이유는 바로 추상화를 피해갈 수 없기 때문이다.

화이트헤드가 실증주의를 비판하는 이유도 이 지점이다. 실증주의란 감각경험에 의지한 우리의 인식이 가장 확실하다는 입장인데, 화이트헤드의 입장에서 보면 그것은 착각이다. 감각경험이란 조각으로 이루어진 파편적 경험이며 제한된 경험이다. 따라서 그것은 사물의 진면목을 파헤치기는커녕 극히 일부분만을 건드릴 뿐이다. 실증주의자들의 약점은 스스로 추상화의 한 방법을 사용하고 있으면서도 자신들의 방법이 가장 객관적이라고 믿는 데 있다. 이런 잘못은 비단 실증주의자들에게서만 발견되는 것은 아니다. 모든 학문이 걸머지고 있는 한계며 숙제거리다. 그리고 이런 원칙에서는 과정형이상학도 예외일 수 없다. 화이트헤드가 자신의 철학이 비합리성을 피할 수 없다는 것을 솔직히 인정하는 것도 이런 배경에서다.

형이상학의 문제를 다룰 때도 보았지만, 화이트헤드에 따르면 자신의 과정철학이 진리에 단지 점근선적으로 접근 asymptotic approach한다고 주장한다. 따라서 합리성도 점근선적 접근에 의해서만 확보된다고 본다. 자신이 추구하는 방법도 우리를 그저 진리와 사실의 근처에 접근하도록 만들 뿐 확실clear하고 뚜렷distinct한 파악은 애초부터 불가능하다는 것이다. 그러나 화이트헤드가 비합리주의적 입장만을 무조건 변호하는 것은 아니다. 오히려 그는 비합리주의의 시대에도 합리주의를 말해야 하는 것이 철학자의 학문적 책무여야만 한다고 생각했다. 이하에서 그가 어떻게 그런 입장을 견지하는지 보자.

합리주의와 관련해 화이트헤드가 우선적으로 착수한 작업은 이제까지의 철학자들이 수행해 온 합리주의적 방법의 한계와 잘못을 지적하고 그들의 것과 자신의 것이 어떻게 차별되는지를 비교해 밝힌 것이다. 화이트헤드에 따르면 전통적 합리주의의 문제점을 한마디로 표현하면 합리화와 추상화를 혼동한 것에 있다.[64]

합리주의라는 말에 잘 나타나 있듯이 이성理性, 이치理致에 합당한 사유를 합리적이라 부른다. 이성을 중시하는 합리주의는 좁은 의미의 합리주의이고, 나아가 원칙과 원리에 맞아떨어지는 주장을 중시하는 것은 넓은 의미의 합리주의이다. 그런데 우리가 원칙과 원리로 정한 것들은 보통 수많은 경험적 사례 중에서 공통적이라 생각되는 이론을 추출하여 뽑은 것이다. 다시 말하면 추상화 작업을 거쳐서 만들어 낸 결과물들이다. 따라서 결과물로 추출된 것들은 추출의 과정에서 여러 특수한 사례들을 놓치거나 간과할 수밖에 없고, 심지어 사실들을 왜곡하게 되어 있다. 그것이 바로 추상화의 한계인 것이다. 그러므로 합리화와 추상화를 같은 것으로 취급하는 것은 매우 위험한 행위다. 그저 이치에 맞고 원리·원칙에 부합한다고 합리적이라 말할 수 없는 이유는 그것이 구체적 여러 사례의 중요성을 놓치는 경우가 너무 많기 때문이다.

그러므로 화이트헤드에게 합리화란 단순히 이치와 원리에 맞추는 행위가 아니다. 합리화란 그것 이상이어야 한다. 그렇지 않으면 우리는 참으로 구체적인 사실과 맞지 않거나 허구인 이론을 말하게 될 것이기 때문이다. 그렇다면 화이트헤드는 어떻게 추상화의 한계를 넘어 구체성을 확보하는 합리주의를 말할 수 있는가?

이를 위해서 우리는 의식을 통해 확보되는 분별을 넘어서야 하며, 나아가 추상화된 어떤 원리가 가지고 있는 것을 다시 넘어서야만 한다는 것이 화이트헤드의 주장이다. 화이트헤드는 이를 다음과 같은 표현으로 설명하고 있다. "그러나 진정한 발견의 방법은 마치 비행기의 비행과 흡사하다. 그것은 개별적인 관찰이라는 대지에서 출발한다. 그리고 상상력에 의한 일반화라는 희박한 대기권을 비행한다. 그 후 합리적 해석으로 예민해지고 새로워진 관찰을 위해 착륙한다."[65]

화이트헤드는 자신의 경험주의를 따라서 우리가 우선 관찰에서 시작해야 한다고 천명한다. 그러나 그렇게 시작한 다음 상상적 일반화로 나아가야 하며, 다시 그것에 의지해 합리적 체계를 구성한 후 최종적으로 그것에 근거해 새롭게 관찰로 돌아와야 한다고 주장한다. 이런 주장은 일견 복잡해 보이지만 그 내용은 간단하다. 왜냐하면 관찰에서 시작해 관찰로 끝나지만 그 시작과 끝 사이에는 합리적 체계를 사용한다는 점이 강조된 것뿐이기 때문이다. 이 점이 경험주의와 다른 점이라 할 것이다. 상상적 일반화를 시도하기 위해 합리적 체계를 구축하는 것이 추가되었기 때문이다. 물론 여기서 체계란 말할 것도 없이 형이상학을 의미한다고 보면 된다.

이제까지 화이트헤드가 말한 것을 정리해 보자. 화이트헤드는 경험에서 출발해 형이상학을 추구한 후 다시 경험세계로 돌아와야 한다고 말한다. 이는 이성의 한계를 인정하면서도 그것의 능력을 가능한 최대로 활용해 보자고 제안하는 것이다. 물론 여기에는 조건이 있다. 이성이 마련한 일반화와 그것의 도구로서의 범주들이 마치 톱니바퀴의 이처럼 정교하게 맞물려 돌아가야 한다는 조건, 즉 정합성coherence을 확보해야 한다는 조건이다. 이렇게 되지 않으면 그것이 진정한 의미에서 합리적 체계라고 불릴 수 없기 때문이다. 그런데 이렇게 각 범주가 정합적이 되어야 한다는 말은 곧 우리에게 하나의 이상적인 체계가 필요하다는 말이고, 따라서 하나의 형이상학의 구축이 요구된다는 뜻이 된다. 화이트헤드가 형이상학을 추구하는 철학의 건설에 나선 것은 이런 배경적 이유를 갖고 있었던 것이다. 이제 화이트헤드식의 합리주의가 가진 특징을 요약하면서 마무리해 보자.

화이트헤드에게 합리주의란 어찌 보면 하나의 과정이자 모험이다. 화이트헤드는 이를 이렇게 표현한다. "합리주의는 사상을 명석하게 하려는 하나의 모험이며, 끊임없이 전진할 뿐 결코 멈추는 법이 없는 하나의 모험이다. 그러나 이는 부분적인 성공도 중요시하는 모험이다."[66] 모험은 물론 실수를 동반하기에 부분적인 성공만이 있을 뿐이다. 그러나 보다 정교하게 구축된 체계를 따라서 사유를 진행하게 되면 실수를 가능한 한 많이 막을 수 있으며 부분적인 성공은 더욱더 확대될 것이다. 그러므로 화이트헤드의 합리주의에서는 오류마저도 중요하다. 오류는 오히려 상상력을 유도하는 역할을 할 수 있기 때문이다. 따라서 창조적 충동을 일으키기 위해서 인간의 이성은 자신의 한계에도 불구하고 실재의 심연에 있는 질서를 잡아내기 위해 노력해야 한다.[67] 그리고 그런 과정에서 오류와 실수는 불가피한 것이다. 하지만 그럼에도 불구하고 합리성을 추구하고 합리주의적인 체계를 구출하려 애쓰는 것이 인간의 문명을 발전시키는 것이다. 이런 면에서 보면 오늘날 많은 포스트모던 해체주의자들이 인간 이성의 한계를 주장하면서 합리주의의 무용론에 집착하는 것에 대해 화이트헤드는 분명히 하나의 대안이 될 수 있을 것이다.

결국 화이트헤드는 철학의 핵심과제를 누가 보다 정합적인 체계를 세우느냐의 싸움으로 본 셈이다. 서구철학은 언제나 존재와 가치를 양분시켜 토론해 왔다. 그러다 보니 자연주의적 오류를 범한다. 자연주의적 오류란 자연을 자연스럽게 놓아두어야 하는 인간이 자신의 욕망과 욕구를 따라서 그것을 재단할 때 생기는 오류다. 인간은 가치와 당위의 세계가 무조건 존재한다고 상정해 버리는 습관이 있다. 이 습관이 갖는 치명적인 약점은 가치의 세계를 신비한 형이상학적 세계로 간주하면서 무조건 치켜세우거나, 반대로 그것이 비합리적이라고 무조건 폄하하는 것이다. 이것이 바로 현대인들이 형이상학을 혐오하게 된 이유가 아니던가? 존재와 가치의 이분화에 입각한 형이상학은 어떤 현대인들에게는 합리적으로 구명되지 않는 것을 신비로 돌리는 비합리적인 체계로 오해하게 만들기 때문이다. 물론 자연을 말하면서 무조건 자연을 넘어서는 세계에 대해서 그 존재성을 상정하고 그것 위주의 세계관을 펼치는 것은 명백한 잘못이다. 화이트헤드는 그것을 '잘못 놓은 구체성에서 나온 오류the fallacy of misplaced concreteness'라고 불렀다.[68] 추상은 단지 추상일 뿐인데 구체로 오인하는 오류를 꼬집은 것이다. 따라서 철학이란 바로 잘못된 구체성을 지적해 내며, 어떤 경로를 통해 그런 오류가 개입되었는지 탐구하는 것이며, 그것이 철학의 역사라는 것이다.

그러나 그렇다고 추상에서 발견된 것을 모두 버리는 것은 더 잘못된 것이라는 게 화이트헤드의 진정한 입장이다. 추상과 초월적인 세계가 합리적인 도구를 따라서 비판되면 오히려 우리에게 더 큰 상상력의 원천이 될 수 있기 때문이다. 추상이 건전하게 사용되는 한 인간에게 바람직한 이상으로 존재할 수 있기 때문이다. 이런 이상의 세계를 향해 목적론적인 항해를 계속해야 하는 인간의 지성은 때때로 우주의 비합리적인 면에 대해 그 중요성을 인정해야 하며, 동시에 우리가 빠질 수 있는 오류를 경계하기 위해 합리적인 철학의 건설을 끊임없이 도모해야 한다는 것이 화이트헤드의 견해이다.

2
생명과 문명

유기체와 생명에 관한 과정철학의 사상은 화이트헤드가 철학사에 공헌한 것 중에서 가장 실제적이다. 자연의 보호와 문명의 발전이라는 상호 배타적 과제를 동시에 수행할 수 있는 방법론을 제공하기 때문이다. 우선 과정철학은 우리에게 자연과 환경을 중요시하도록 하기에, 오늘의 생태학적 문제에 관심하도록 큰 도움을 준다. 그러면서도 동시에 인간에게 문명의 발전을 포기하지 않도록 매우 절묘한 방법론을 제공한다.

화이트헤드가 이런 어려운 철학적 과제를 어떤 방법론으로 가능하게 하는지를 보기 위한 절차는 그리 복잡하지 않다. 그동안 진행되어 온 토론을 성실히 따라온 독자들은 매우 가벼운 발걸음으로 화이트헤드의 이론에 접근할 수 있을 것이다. 이미 앞에서 지속적으로 토론해 온바, 한편으로 과거와 현재의 상호관계에 대해 상기해 보고 다른 한편으로 현재와 미래의 상호관계에 대해 다시 한 번 기억해 보면 화이트헤드가 상호 모순적으로 보이는 두 개의 과제를 어떤 방법으로 수행해 나가는지 쉽게 이해할 수 있다.

그 방법의 핵심은 다음과 같이 요약될 수 있는 데 눈치 빠른 독자들은 이를 통해 지름길로 들어설 수 있을 것이다. 우선 과거가 현재와 미래에 영향을 끼치는 방향은 모든 현실적 존재에게 예외 없이 우선적이다. 미립자로부터 인간에게 이르기까지 이 방향을 거역할 수 있는 존재는 없다. 말하자면 시간이 흐르는 방향은 불가역적이다. 그리고 이런 시간의 방향성을 설명하기 위해 동원되는 개념이 물리적 파악, 작용인, 감각지각의 신체성 등이다. 이를 통해 화이트헤드는 대부분의 존재가 자연의 인과적 법칙에 일차적으로 종속되어 있다는 것, 나아가 자연과 생명의 밀접한 연계성을 밝혀낸다.

하지만 다른 한편으로 현재가 과거에 그리고 미래가 현재에 영향을 끼치는 가역적 방향을 보는 관점도 중요하다. 이 방향을 설명하기 위해 동원되는 개념은 개념적 파악이며, 목적인, 개정된 버전의 주관주의 등이다. 이 방향은 비록 과거가 현재에 끼치는 영향력이 지닌 우선성에 비해 비교적 부차적이고 파생적이지만, 이런 영향력을 최대치로 끌어내 이용할 수 있는 현실적 존재들이 존재하는 덕택에 우리의 우주는 새로움과 문명으로 가득 차게 된다. 물론 그런 현실적 존재의 중심에는 인간이 서 있다는 사실이 중요하다. 그로 인해 생명은 자연이자 동시에 문명이 될 수 있기 때문이다.

하지만 이것이 화이트헤드가 우리에게 줄 수 있는 전부는 아니다. 이하에서 우리는 화이트헤드가 이런 주장들을 펼치는 것에 덧붙여 전통적인 이원론의 문제들, 즉 정신-신체 이원론이나 주체-객체 이원론의 문제는 물론 제1성질과 제2성질을 구분하는 이원론에 근거한 자연의 이분화 같은 문제를 어떻게 해결하는지 덤으로 보게 될 것이다.

우선 유기체의 철학의 핵심 어휘인 '유기체organism'는 무엇인가? '유기체'와 '유기적organic'은 모두 기관organs과 관련된 어휘들로, 사물들의 밀접한 관계성을 강조하려는 철학적 개념이다. 마치 신체 안의 기관들이나 파이프 오르간의 부속품들이 상호 밀접하게 연결되어 있듯이 말이다. 따라서 유기체란 삼라만상의 존재들이 서로 내적으로internally 관계를 맺으면서 존재하는 것으로, 여기에서 존재란 원자 단위 이하의 전자와 같은 미립자의 존재부터 시작해 인간과 같은 존재를 포함한 거시적 존재까지를 망라하는 개념이다. 물론 유기체라는 개념의 통상적 의미는 무생물이나 소립자와 같은 물리학적 개념에는 적용되지 않는 것이 일반적이다. 그러나 화이트헤드는 우주 내의 모든 사물과 존재가 내적으로 관계를 맺는 하위 부분으로 이루어져 있다는 점을 부각시키고, 그들의 관계성을 일컫기 위해 '유기(체)적'이라는 용어를 즐겨 사용한다. 따라서 생물학적 유기체뿐만이 아니라 물리학적 단위인 미립자들도 유기체적 관계를 소유한다는 것이 화이트헤드의 주장의 요체다.

만일 우리가 미립자를 포함해 모든 사물과 사건을 유기체적 관점에서 본다면 매우 특별한 철학적 주장들을 생산할 수 있다. 우선 그것은 기계론을 탈피하게 만든다. 물론 기계론 역시 부분들 사이의 밀접한 관계를 말한다는 점에서는 관계의 철학을 주장하는 노선에 포함시킬 수 있는 입장이다. 앞에서 예로 들었던 파이프 오르간의 경우 작은 파이프와 대형 파이프는 하나의 혼연일체를 이루어 바흐Bach의 곡을 연주하며 그것으로 인간에게 예술적 감동을 선사한다. 그러나 파이프오르간을 일방적으로 기계론적 관점에서만 보는 것은 문제가 있다. 왜냐하면 파이프오르간 자체는 기계적이지만 그것으로 만들어 내는 음악은 그것 이상이기 때문이다. 만일 부품으로서의 파이프들이 오르간 연주자의 정신을 거치지 않은 상태에서 만들어질 때 그들이 만드는 관계는 그저 기계적이다. 그러나 (파이프오르간 자체는 분명히 기계적 관계의 산물이지만) 그것이 만드는 음악은 목적이 포함된 것으로, 오르간 부품들이 단순한 기계론적 관계를 넘어설 때만 창조된다.

따라서 화이트헤드와 같은 유기체론 철학자가 주장하려는 핵심은 간단하다. 세상의 사물들과 사건들은 기계론적으로 볼 수도 있지만, 그것을 유기체적으로 볼 때 보다 온전한 이해가 가능하다는 것이며 이를 위해서 우리가 목적론적 사유를 도입해야 한다는 것이다.[62] 앞에서 말한바, 하나의 미립자는 어찌 보면 목적을 가지고 있지 못하다. 엄밀히 말해서 목적이란 생물의 차원으로 올라와야 말할 수 있는 개념이다. 하지만 화이트헤드에 따르면 미립자들도 그것이 종합되어 하나의 존재가 될 때, 즉 화이트헤드의 용어로 다자로서의 잡다함이 일자로서의 통일성을 만들어 낼 때, 그들은 그저 기계론적 존재 이상이다. 왜냐하면 미립자 역시 나름대로 주체적 목적aim이 있었기에 미립자라는 정체성을 가지고 통일이 이루어졌다고 보아야 하기 때문이다.

물론 칸트의 경우처럼 그런 통일성은 그저 인간의 주관이 부여한 것이라 볼 수도 있다. 그러나 화이트헤드에 따르면 미립자가 하나의 정체성을 갖는 존재로서 후속하는 존재에게 영향력을 끼치고, 그것이 세포 단위의 통일성을 이룰 때의 과정을 보면 그곳에는 결코 인간의 의식적 사고가 지배적으로 작용한 것이 아니었다. 물론 화이트헤드가 여기서 (사물의 정체성과 동일성을 규정하는 데) 인간의 의식이 중요하지 않다는 말을 하고 있는 것은 결코 아니다. 후에 다시 언급하게 되겠지만 이는 화이트헤드의 뜻이 아니다. 여기서 화이트헤드가 강조하려는 점은 다음과 같다. 인간의 의식은 사물의 부분들이 만들어 내는 관계와 그것이 만들어 내는 실체성을 이해하는 데 중요한 역할을 한다. 하지만 자연 내에 존재하는 모든 계기와 사건들이 만들어 내는 관계는 인간의 의식적 경험과 상관없이 독립적으로 이뤄진다. 미립자와 같은 수준의 계기들occasions과 사건들도 목적인의 작용final causation능력을 소유하고 있는 것이며 이런 능력이 없었다면 결코 모든 세상의 사물들은 자신의 동일성을 가질 수 없다. 경험은 의식을 전제하지만 의식은 경험을 전제하지 않는다는 화이트헤드의 경구는 여기서도 적용되어야 한다. 여기서 경험은 인간의 경험만을 지칭하는 것이 아니라는 것은 말할 것도 없다.

그러므로 목적론이나 유기체론과 관련하여 말할 때 우리는 다음과 같은 것에 특히 유의해야 한다. 즉 혹자는 유기체론이 이렇게 사건과 사물들이 가지고 있는 목적인에 대해서 강조할 때 그것을 여전히 인간 중심적이라 생각할지 모른다. 하지만 이는 화이트헤드와 주관주의자들을 혼동하는 것이다. 그의 유기체론은 내적인 관계론을 말하면서 목적인을 강조한 것이고, 그런 목적인의 작용과정 속에는 언제나 물리적 파악이 먼저라는 것이 전제되어 있기 때문이다. 목적인이 작용하는 데 전제되는 개념적 파악은 언제나 물리적 파악이 이루어진 다음에 따라 나온다. 개념적인 파악은 물리적 파악에서 파생된 것이기 때문이다.

기계론적인 것과 목적론적인 것의 조화 그리고 물리적 파악과 개념적 파악의 조화는 화이트헤드로 하여금 세상에 존재하는 사물과 사건의 정의를 새롭게 하도록 만든다. 전통적으로 생명이란 그저 세포가 결합된 이후의 상위 단계의 존재를 일컫는 것이었다. 그러나 화이트헤드에게 생명이란 모든 존재에게 확대되어 적용될 가능성이 열린다. 이를 통해 미립자에게도 생명은 상징적으로 적용될 수 있게 된다. 왜냐하면 생명의 정의는 개념적인 새로움의 창출이요,[70] 자기 자발성의 조정이기 때문이다.[71] 아무리 미립자 단계에 있는 존재들이라도 새로움의 창출과 자기 자발성을 소유할 수 있다. 그들은 나름대로 목적론적이고 개념적인 면을 지니기 때문이다.

그러므로 화이트헤드에게 생명은 결코 인간 중심적으로 정의되지 않는다. 오히려 인간이 생명 중심적으로, 생태 중심적으로 정의되고 규정된다. 미립자를 포함한 모든 사물과 사건들은 한결같이 목적론적이기 때문이다. "생명의 본질은 객체적인 것에 순응하면서 목적론적으로 새로움을 도입하는 데 있다."[72] 생명이란 바로 우주 내에 존재하는 모든 것들이 자신 스스로의 능력, 즉 목적인 행사final causation을 통해 과거로부터 벗어나 자기만의 세계를 누리고 새로움을 창출하는 현상을 기술하는 것이다.[73]

화이트헤드의 철학이 생태 중심적이고 환경론적인 철학에

실제적 공헌을 할 수 있다는 것은 바로 이런 점에서다. 그러나 화이트헤드의 철학은 단순히 이런 자연주의적인 관심에서 멈추는 철학이 아니다. 자연주의적인 관심은 인간에게 환경과 생태의 문제에 대해 각성하도록 만드는 점에서는 분명히 중요한 부분이지만, 자칫 낭만주의로 빠져서 인간의 문명이 진보하도록 만드는 데 약점을 지닐 수 있다. 화이트헤드는 전통적 생태 자연주의가 가지고 있는 이런 약점을 잘 알고 있었기에 그것을 극복할 수 있는 철학을 마련해야 했다. 그가 이 작업을 성공적으로 수행할 수 있었던 것을 보기 위해 우리는 다시 한 번 현재와 미래의 상호관계에 천착해야만 한다.

화이트헤드에 따르면 하나의 현실적 존재의 활동은 언제나 과거와 현재의 관계에서뿐만이 아니라 미래와 현재의 관계에서도 규명되어야 한다. 여기서 미래와 현재의 관계에서 사물과 사건을 규명한다는 말은 하나의 현실적 존재가 과거의 영향력에서 벗어나 미래를 향하는 면을 보는 것이 중요하다는 것이다. 즉 현실적 존재가 작용인적 인과율에서 벗어나, 자신의 힘에 근거하여 과거의 사건들을 종합하면서 스스로가 그 종합의 원인이 될 때 작동하는 것을 목적인 작용이라 한다. 이렇게 작동하는 것은 작용인적으로 행사된 것이 아니라는 점에서 목적인적 작용의 산물이라 할 것이다. 이때 '목적인적'은 물론 'final cause'의 번역이다. 하지만 여기서 'final'의 뜻은 결코 고정되고 폐쇄된 것이 아니라 개방된 것을 가리킨다. 과정사상에서는 언제나 최종적 목적마저도 고정되어 있지 않고 미래를 향해서 열려 있기 때문이다. 과정사상에서 볼 때, 특히 인간으로 하여금 목적을 갖도록 하는 미래는 언제나 개방되어 있다. 그것이 미래라는 어휘가 갖고 있는 본래의 뜻이기 때문이다. 그리고 이런 것을 인식하는 능력을 갖춘다는 것이 바로 인간이라는 현실적 존재가 여타 현실적 존재와 구별되는 점이기도 하다.

과정철학에서 볼 때 무기적inorganic 현실의 존재와 사건들은 생명과 관련된 작동을 하더라도 정신적인 면이 약하다. 왜냐하면 그들은 과거의 인과 작용의 지배를 받는 면이 미래의 영향력과 연결되는 면보다 강하기 때문이다. 엄밀히 말해서 무기적 현실 계기들은 거의 인과관계에 의해 지배된다.[74] 그래서 자연세계에서 법칙이 성립될 수 있는 것이다. 그러나 인간은 과거에서부터 자신의 여건들을 계승하더라도 계승을 넘어 종합을 행할 수 있는 능력이 있다. 예를 들어 인간이 분노한다고 할 때, 그는 자신의 분노와 관련된 감정을 과거의 여러 여건에서 끌어오게 된다. 그가 컴컴한 한밤중에 거실을 걷다가 의자에 걸려 넘어졌을 때, 그는 발가락의 통증이라는 물리적으로 파악된 객체적 여건부터 시작해 그것으로 인한 과거의 동일한 경험을 떠올리며 "도대체 매일 누가 이 의자를 옮겨 놓지 않고 방치해 두는 거야?"라고 분노할 것이다. 그런 분노와 같은 매우 물리적이고 감정적인 순간에서도 인간은 과거의 경험에 대한 개념적 파악의 영향을 받고 있다. 이렇게 객체에 대한 감정적 대응을 할 때조차 인간은 개념을 동원한다.

그런데 이것이 전부가 아니다. 인간은 개념을 통해 과거를 역전시키기도 하는데, 이는 개념에 덧붙여진 또 다른 개념이 가능할 때 그렇다. "아 맞아, 어제 내가 밤늦게 밤참을 먹기 위해 접시를 꺼내러 의자에 올라갔는데 그 후 이 의자를 치우지 않았지!"라고 말하면서 결국 자신이 원인이었음을 알고 분노를 누그러뜨릴 수 있는 것이다. 이렇게 오래전 과거의 나쁜 기억과 어젯밤 과거의 기억을 대조시키면서 개념적 역전이 가능한 것은 인간과 같은 고등동물만이 갖는 능력이다.[75] 물론 인간은 다른 여타 동물들과 달리 주체적인 욕구가 매우 강하기에 미래에 놓여 있는 이상을 지향해 아직 실현되지 아니한 여러 가능태를 목적할 수 있으며, 여기서 그의 감정은 미래를 지향할 수 있게 된다. 이것이 인간에게 문명을 창조할 수 있는 능력의 기원이 됨은 말할 필요조차 없다. 생명과 인간은 이 지점에서 구별된다.[76]

따라서 이렇게 요약될 수 있다. 인간이란 유기체와 여타 유기체 사이의 차이는 미래를 예측하면서 그 이상적 가능태를 행해 지향할 때 발생하는 대조와 그것에 근거한 개념적 역전에서 나타나는 차이이다. 더 짧게 표현될 수도 있다. 인간은 비록 하나의 생명이지만 그저 과거를 계승하는 것에 매몰되어 있는 다른 생명과 달리 자기-창조력으로 과거를 넘어서면서 미래를 지향한다.

여기서 우리는 화이트헤드의 유기체 철학이 어떻게 인간 중심주의와 생태주의 사이에서 절묘한 균형을 유지하는지 잘 알 수 있게 된다. 하나의 세포적 사건 역시 스스로 자기-창조력을 지니고 있기는 하다. 그러나 그것은 평소에 그런 창조적 능력을 발휘하기보다는 그저 과거의 인과적 영향력을 따라 주체적 동일성을 유지해 나가기에 바쁘다. 그러나 만일 그것이 인간의 몸이라는 환경 속에서 활동하게 되면 문제는 달라진다. 인간이 가진 정신성의 본산인 두뇌의 시스템하에 놓이면서 하나의 세포는 다른 생명체, 즉 식물이나 동물 속에 있을 때와는 매우 다르게 창조적이 된다. 이렇게 인간은 자신의 부분들의 영향하에서 자신을 형성해 가지만 그런 부분들을 아우르는 전체의 힘으로 부분들에 영향을 끼치는 능력이 탁월하다.

3
유기체 철학과 형이상학

오늘날 우리는 분명히 반형이상학의 시대에 살고 있다. 형이상학에 대한 혐오로 가득 찬 니체의 인기로부터 시작해 소위 포스트모던 운동을 촉발시킨 프랑스의 탈구조주의 철학에 이르기까지만을 보아도 잘 알 수 있듯이, 현대의 철학자 중에서 형이상학적 사유를 추구하는 사람은 극소수에 지나지 않는다. 물론 들뢰즈와 같은 첨단의 현대철학자도 형이상학을 완전히 부정하지는 않지만 그 역시 체계system의 철학은 언제나 체제regime로 전락하고 악용된다고 생각하기에 기존의 형이상학을 비판하는 태도를 취하는 점은 마찬가지다.

화이트헤드 또한 형이상학이 지닌 이런 위험성에 대해 일찍이 간파한 바 있다. 따라서 그는 『자연의 개념』에서 다음과 같이 말한다. "형이상학에 호소하는 것은 화약고에 불을 던지는 것과 같다. 형이상학은 전체 무대를 불태운다."[22] 이와 같이 화이트헤드도 형이상학을 잘못 적용하는 것은 문제를 해결하려 하다가 더 많은 문제를 끌어들일 염려가 있다는 것을 주장한다. 실제로 그는 철학의 역사가 잘못된 형이상학으로 인한 폐해의 역사였다고 본다.

형이상학과 관련된 문제를 잘 알고 있음에도 불구하고 화이트헤드는 이례적으로 형이상학에 대해 긍정적인 자세를 취했다. 일부 현대의 과정철학자들은 바로 화이트헤드의 이런 점이 그를 철학사에서 탁월한 인물로 존경하도록 만든다고 말하기도 한다. 화이트헤드가 철학적 논리를 따라 하나의 형이상학적 체계의 옹호론자로 남아 있었던 것이야말로 그의 철학이 오늘의 시대에도 빛을 발할 수 있는 이유라고 본다. 왜 그런가? 도대체 그들은 어떤 이유에서 화이트헤드의 형이상학적 성향을 환영하는가? 오늘의 과정철학자들은 무슨 근거에서 여전히 형이상학이 수호될 만한 가치가 있다고 보는가? 그리고 정말 과정 형이상학은 하나의 진정한 형이상학이라 불릴 수 있는가?

이런 문제들에 답하기 위해서 우리는 여러 방법을 택할 수 있다. 하지만 우선은 화이트헤드의 생애를 들여다보는 것으로 시작하는 편이 가장 좋다. 화이트헤드의 학문적 삶의 여정이야말로 그가 어떤 과정을 거쳐 무슨 이유로 형이상학자가 되었는지 잘 보여 주기 때문이다. 처음에 잠시 살펴본 바대로 잘 알려져 있다시피 화이트헤드는 영국의 저명한 수학자였다. 화이트헤드가 자신의 제자였던 버트런드 러셀Bertrand Russell과 공저한 『수학의 원리』는 수리철학 저서 분야에서는 가장 유명한 고전 중 하나다. 화이트헤드는 젊어서 시작한 수학교수로서의 삶을 지속해 가면서 동시에 인간이 직면한 여러 문제를 자연과학의 입장에서 다루는데 천착했는데, 급기야 그는 중년을 넘길 무렵 결국 철학 분야에서마저 전문가가 된다. 우선 화이트헤드는 50대 후반부터 60대 초반에 이르기까지 자연철학 분야에서 여러 연구 업적을 남겼다. 그러다 마침내 영국의 런던 대학교를 퇴직하고 미국의 하버드 대학에서 철학교수로 부임했는데, 이때 그의 나이는 이미 63세였다. 그 이후로 86세로 생을 마감할 때까지 약 20여 년간 하버드의 철학교수로 활동하면서 그는 최종적으로 과정 형이상학의 구축이라는 학문적 업적을 남겼다. 결국 수학으로 논리를 익힌 후 구체적인 경험적 학문인 자연과학과 그것을 분석할 과학철학을 연구했고, 최종적으로는 경험과학이 제기하는 질문을 형이상학이라는 학문의 구축으로 답해 보려 한 것이다. 이렇게 화이트헤드가 어떤 여정을 거쳐 형이상학에 도달하게 되었는지를 보는 것이 중요한 이유는 그의 학문이 어떤 경로를 통해 탄생되었는지를 보기 위함이기도 하지만, 동시에 그것이 오늘날의 인문학적 위기와 관련된 문제에 대해 효과적인 해결책을 제공한다고 보기 때문이다.

잘 알다시피 많은 사람들이 최근 인문학의 위기에 대해서 지적하는 이유는 단지 오늘날 인문학을 연구하는 사람이 줄어들고 그 전공으로 일터를 잡는 확률이 점점 줄어들기 때문만은 아니다. 보다 근본적인 이유는 우리가 인문학이 자신의 학문적 근거와 타당성을 발견하기 힘든 시대에 살고 있기 때문이다. 많은 사람들은 특히 인문학의 중심인 철학이 오늘날 언어학이나 수리논리학 혹은 미학 등으로 대치되어 가고 있어서 고유의 영역을 잃었다고 생각한다. 고유영역이 없으므로 타당성도 효율성도 없다고 느끼기 쉽다. 특히 각종 상대주의가 만연하면서 진리의 절대성이 무너지고, 나아가 인간 이성의 기능과 역할을 불신하면서 합리성의 추구를 포기해 버린 오늘의 시대에는 그동안 전통적으로 자연과학의 근거 노릇을 해 오던 인문학이 스스로를 확실하게 정립할 수 있는 방법론을 찾기 힘들게 되었다. 최근 모든 학문 분야들은 스스로 극단적인 당파성의 문제에 직면한 가운데 서로 충돌과 갈등만 보일 뿐 상호를 중재하고 봉합할 통합적 수단을 발견하지 못하고 있다. 오늘날 학문은 그야말로 과학, 즉 'sciences'뿐이다. 이런 현상은 자연과학 분야에서만 나타나는 것이 아니다. 사회학은 물론 종교학과 같은 정신을 다루는 학문을 비롯해 심지어 예술의 영역도 과학으로 분류되고 간주되고 있다. 영어에서 본래 'science'는 복수로 쓸 수 없는 성질의 명사였다. 그것의 본래 의미가 학문이었기 때문이다. 그러나 시대가 변함에 따라 'science'는 '과학들'이 되었고 그 과정에서 학문은 파편화되었다. 사실 학문의 파편화 자체가 나쁜 것은 아니다. 아리스토텔레스가 학문의 영역을 구분하기 시작한 이래로 모든 분야들은 자신들의 영역과 구획을 따라서 서로 경쟁하고 보완해 왔다. 학문의 각 영역은 어떤 사물이 가지고 있는 중요성을 그 영역의 고유한 관점에서 부각시키면서 다른 영역이 발견치 못하는 것을 보충해 왔고 그럼으로써 인류의 문명 발달에 공헌했다. 그러므로 여기까지는 문제가 없었다. 문제는 근대 이후, 소위 포스트모던 운동이 활발해지면서 각 지역과 문화의 국지성과 각 관점들의 편협성이 일으키는 문제들이 적나라하게 노출되기 시작하게 되었다는 것이다. 포스트모더니즘은 우리에게 어떤 입장이나 어떤 학문도 절대성과 보편성이 없다는 깨달음을 각인시키는 데 앞장서 왔다. 이로 인해 모든 인문학은 결국 극단적 상대주의 앞에 무릎을 꿇고 자신의 파편화된 당파성에 몰입되면서, 그것이 일으키는 다양한 문제에 속수무책이 된 것이다. 다시 말하지만 문화의 국지성과 관점의 편협성은 어찌 보면 학문이 가지고 있는 당연한 속성이기에 이런 현상 자체가 큰 문제가 되는 것은 아니다. 모든 인간은 사물과 사건에 대해서 언급할 때 추상의 방법을 사용하지 않을 수 없고, 그로 인해 하나의 면만이 주로 부각되고 다른 면은 사상捨象되는 것이 당연하기 때문이다. 따라서 편협성과 국지성은 학문이 마주해야만 할 필연적 운명이다.

하지만 문제는 이런 편협성과 국지성이 서로 선의의 경쟁을 하지 못하고, 모순과 갈등의 관계 속에서 헤매면서 에너지를 낭비하고 문명 발달에 악영향을 끼칠 때 나타난다. 바로 오늘날 포스트모더니즘이 가지고 있는 치명적인 약점 중 하나가 바로 학문의 편협성과 상대주의의 문제를 일으킨다는 것이며, 현대의 인문학은 이 문제에 발목이 잡힌 채 자신의 정당성과 위상을 스스로 빼앗겨 버린 것이다. 오늘날 과학의 종류는 다양하지만 서로 자신의 맥락이 가지고 있는 중요성과 독특함만을 강조하면서 다른 학문과 조우하려 하지 않는다. 물론 가끔 조우하려는 시도가 있었지만 그런 시도들도 내심 불가능하다고 믿는 가운데 수행되는 것이 다반사다. 인간학은 페미니즘과 비페미니즘으로, 페미니즘은 다시 동성애적 페미니즘과 반동성애적 페미니즘으로, 동성애적 페미니즘은 다시 흑인–동성애적 페미니즘Black Lesbian Feminism과 그렇지 않은 페미니즘으로 끊임없이 분할되고 파편화된다. 그리고는 자신의 다른 영역과 서로 다르다는 핑계하에 서로 조우하지 않는다. 이런 당파성과 파편성은 평화스러운 시대에는 서로 다름을 인정하면서 평화를 유지할 수 있지만, 어떤 계기가 주어지는 경우 다름이 그름으로 바뀌면서 서로 정죄를 일삼는 것을 우리는 쉽게 목도한다.

그러나 사실 이런 것 역시 인문학적 위기가 처하고 있는 진짜 문제는 아니다. 철학적 입장에서 볼 때 진짜 심각한 문제는 이런 파편화와 당파성 앞에서 어떤 집단도 자신의 합리성을 말하는 것이 불가능해졌다는 사실이다. 한 집단이 말하는 합리성은 그 집단의 관점에 가지고 있는 맥락에 의존하는 합리성이므로 일종의 편협한 왜곡에 의거한 합리성이 되어 버린 것이다. 이런 상황에서 어떤 입장과 관점도 타자 앞에 자신의 주장을 합리화하고 정당화하는 것이 불가능하게 되었다. 그 어떤 주장도 합리화가 불가능하다면, 우리는 철학을 비롯한 모든 학문행위 자체에 대해 의문을 제기할 수밖에 없게 된다. 이것이 바로 우리가 잘 알고 있는 반형이상학적 시대의 철학과 인문학의 실상이다.

그렇다면 과연 해결책은 없는가? 물론 해결책이 없지는 않을 것 같다. 화이트헤드는 이 문제에 어떻게 접근하는지 살펴보자. 화이트헤드의 관점에서 볼 때 인문학이 당면한 중요한 과제로서 당파성의 문제를 해결하는 가장 확실한 하나의 방법은 그런 당파성이나 국지성으로 조각조각 파편화된 인문학을 근원적으로 다시 봉합할 수 있는 통합적 기준을 마련하는 것이다. 그러므로 여기서 제기되어야 할 진짜 질문은 과연 그런 통합적 기준의 마련이 가능한가 하는 것이다.

물론 화이트헤드는 그것이 가능하다고 본다. 단 화이트헤드가 내세운 통합적 기준의 조건은 '과정' 개념으로 돌아가서 해답을 구하는 것이다. 즉 오늘의 인문학이 당면하고 있는 문제인 국지성이나 파편성의 문제를 해결하고 새롭고 올바른 형이상학을 구축하는 것은, 우리가 우선 '과정'의 개념에 천착하면서 그것을 기준으로 철학적 통합의 돌파구를 마련하는 조건에 기초한다고 보는 것이 화이트헤드의 입장이다. 과정의 개념에 입각한 형이상학이야말로 바로 파편성과 국지성의 난립 그리고 그것을 초래한 추상화의 문제 등에 대해 해결책을 제시할 수 있는 실마리를 제공한다고 본다. 그렇다면 화이트헤드는 어떤 근거에서 '과정' 개념이 그런 실마리를 제공할 수 있다고 보는가?

결론부터 말하면 '과정' 개념이 해결책이 될 수 있는 이유는 그 어휘의 뜻에 숨어 있다. 즉 '과정'의 개념 속에는 이미 파편성과 국지성, 추상화가 내포되어 있기 때문이며, 바로 그렇기에 그런 개념에 대해 보다 주도면밀하게 초점을 맞출 때 우리가 의외의 지점에서 해결의 길을 발견할 수 있다는 것이다. 이제 화이트헤드는 무슨 근거에서 그런 주장을 펼칠 수 있는지 그의 분석을 따라가 보자.

위에서 보았듯이 화이트헤드의 철학에서 과정이란 파편 a drop이기도 하고 때로는 국면phase으로도 명명된다.[78] 그리고 우주의 모든 사건과 사태들이 바로 이런 개념으로서의 과정적 성격을 지니고 있다는 사실을 우리가 알게 되면, 우리는 우주와 인간이 지닌 인식의 편협성으로 인해 인간의 모든 이론이나 진리들이 언제나 추상화의 과정을 겪지 않을 수 없다는 것을 인정하게 된다. 즉 세계의 과정적 성격은 인간의 인식이 추상화를 거치지 않을 수 없게 만들고, 그런 추상화는 파편적 지식, 조각에 불과한 진리, 하나의 국면과 단편에 불과한 이론을 생산할 수밖에 없는 숙명을 지닌다는 말이다. 즉 서로가 물고 물리는 것이다. 그렇다면 과정에 근거한 통합적 기준은 우선 어디에 기초해야 하는지의 질문에 대한 첫 번째 답변이 분명하게 된다. 그 기준의 출발점은 우선 추상적인 것이 아니라 구체적인 것이어야만 한다는 것이다.

화이트헤드에 따르면 가장 구체적인 사실과 사태는 바로 과정과 생성이며 혹은 관계라 할 수 있다. 따라서 화이트헤드가 추상의 문제를 해결하기 위해 구체로 돌아와야 한다고 말할 때 그것의 의미는 생성, 관계로 돌아와야 한다는 말로 해석할 수 있다. 이제 독자들은 화이트헤드가 무슨 말을 하려는지 대강 힌트를 얻었을 것이다. 과정의 특징이 생성, 소멸, 관계 등으로 대변될 때 과정사상은 모든 문제를 생성과 소멸 그리고 관계의 관점에서 풀어 가려 한다는 것을 의미하는데, 이는 새로운 형이상학을 위한 기준의 마련에도 동일하게 적용된다. 즉 파편성과 편협성 그리고 국지성을 낳는 것은 어쩔 수 없기에, 우리가 할 수 있는 일은 인간의 학문이 지닌 그런 필연적 운명에 대해서 널리 알리면서 서로 대화와 관계를 통해 문제를 해결하도록 만드는 것이 유일한 해결책이라는 말이다.

간단히 말하면 과정의 개념을 통해 과정이 지닌 파편과 국지성을 알리고 서로의 한계를 대화와 관계로 극복해 간다는 것, 이것이 새로운 형이상학이 택하는 방법론이다. 이를 보다 과정철학적인 묘사로 기술해 가면서 화이트헤드의 형이상학의 내용을 더 분명히 파악해 보자.

과정사상에서는 모든 현실적 존재가 조각이고 파편이며, 그것을 인식하는 인간의 사고도 조각이고 파편이다. 그러나 한편 현실적 존재를 설명하는 과정에서 우리가 깨달았지만, 현실적 존재를 구성하는 조각들과 파편들은 서로 밀접하게 관련되어 있다는 사실이며, 이것이 이른바 유기체 철학의 핵심 주장이다. 다시 말해 모든 현실적 존재들은 그저 파편화되어 있고 흩어져 혼돈 상태에 있는 것만이 아니다. 그들은 이미 인과적으로 밀접하게 서로 연결되어 있으며, 화이트헤드의 용어로 말하면 모든 것은 물리적 파악으로 서로 내적 관계 속에 있다. 따라서 하나의 현실적 존재는 과거의 산물이며 그 과거에서 내적으로 관련되면서 영향을 받는다. 하나의 조각 없이 다른 조각의 존재는 불가능하다. 나아가 그런 조각과 부분들은 우주라는 하나의 거시적인 체계와 조직 안에서 하나의 구성원을 이루는 역할을 한다. 따라서 각 구성원은 비록 자신의 입장이 편협되고 파편적일 수밖에 없는 필연적 운명 속에 있다는 것을 잘 알지만, 동시에 자신의 위치를 잘 확인하면서 타자와 더불어 유기적 관계를 맺으면서 그도 모르는 사이에 우주의 목적에 공헌하면서 문명과 선함을 만들어 낼 수 있다. 철학이란 바로 이런 우주적 목적의 실현을 향해 나서도록 부추기는 일종의 모험적 시도이며 창조적 전진을 향한 자극이다. 이런 이유로 하나의 체계로서의 형이상학은 얼마든지 용인될 수 있는 것이며, 때로는 오히려 적극적으로 활용되어야만 한다. 왜냐하면 형이상학이란 형이하의 존재들, 즉 사물과 사건들이 하나의 체계 내에서 서로 어떤 관계를 맺고 있는지 그 자리와 위상을 밝혀 주면서, 그들이 유기적인 협조하에서 미래의 이상적인 목표를 향해 달려가도록 자극하는 학문이기 때문이다.

그러므로 철학자란 바로 이런 체계를 조직하고 그 체계 안에서 각 구성원이 가지고 있는 역할들의 정합성coherence을 찾아내기 위한 방법론을 건설하는 데 자신의 노력과 시간을 투자하는 사람이다. 화이트헤드 스스로도 그런 학문적 여정을 살다 간 철학자 중 하나다. 수학자로 시작한 화이트헤드는 전 생애에 걸쳐서 다양한 학문을 소화했으며 그런 분과적 학문들이 가지고 있는 한계를 직시하면서, 어떻게 그들을 서로 조직적으로 연결해 하나의 통합적 체계를 만들 수 있을지 고심하는 가운데 최종적으로 하나의 형이상학을 제시했던 것이다.

그렇다면 화이트헤드의 형이상학은 과거의 형이상학과 어떻게 차별되는가? 우선 일차적으로 그의 형이상학은 과거의 형이상학이 가지고 있었던 가장 치명적인 문제점, 즉 통합적 관점이 국지성의 이론들을 억압하면서 교조적이고 독선적인 진리로 둔갑해 왔던 것에서 어떻게 벗어날 수 있는가?

화이트헤드의 답변은 일종의 동어반복에 의지한다. 과정에서 발견할 수 있는 사실은 모든 것이 본래 완전함이 아니라 '과정'이라는 것이므로, 그 사실에 의존하는 한 어느 입장도 결코 일방적 독선이 될 수 없으며, 따라서 형이상학은 본래부터 교조적인 학문이 될 수 없다. 이런 이유로 형이상학은 단지 진리에 점근선적으로 접근할 뿐이다.[79] 왜냐하면 모든 형이상학은 과정사상이 가진 운명, 즉 모든 것은 완전한 것이 아니라 완전을 향한 과정 속에 있다는 사실에 입각해 있기 때문이다. 그렇다면 모든 학문 역시 언제나 완전하지 못하며 과정 속에 있기에 진리에 대해 근사치로 접근할 뿐이다.

이렇게 볼 때 우리는 과정철학에서 형이상학과 절대적 학문, 형이상학과 보편적 학문, 형이상학과 객관적 학문을 혼동해서는 안 된다. 화이트헤드는 그런 것들 없이도 형이상학이 가능하다고 보았기 때문이다. 다시 말해서 진리는 객관이나 절대, 보편 등에 의해 보장되는 것이 아니다. 그리고 이것이 바로 모든 형이상학적 문제의 해결은 '과정'의 개념으로 귀환할 때 해결된다는 주장의 취지다. 단 여기서 우리가 잊지 말아야 할 것은 진리가 단지 '과정'으로서 보장된다고 할 때, 그 말이 국지성과 편협성 속에 갇힌 각 관점이 서로 맞물리면서 보다 정합성을 갖춘 모습으로 체계화되는 한도 내에서 진리가 가능하다는 것을 의미한다는 것이다.

이렇게 본다면 형이상학의 문제는 합리화의 문제라 할 수 있다. 즉 하나의 주장이 그것을 넘어서면서 아우르는 거시적인 형이상학적 체계 내에서 그 주장이 처해 있는 자신의 위상을 파악할 수 있을 때 그 주장의 합리성이 보장된다고 보는 셈이다. 그러나 이는 조금 더 정교한 토론을 요구하기에 따로 공간을 만들어 다루지 않을 수 없다. 따라서 지면상 생략하기로 하겠다.

여기서는 형이상학과 관련해 자주 지적되어 온 문제점에 대해 토론하면서 마무리해 보자. 형이상학적 체계와 관련하여 자주 지적되는 비판 중 하나는 들뢰즈와 과타리Felix Guattari의 것인데, 그들에 따르면 하나의 체계system는 흔히 체제regime로 변질된다.[80] 이런 특징이 바로 형이상학의 치명적 약점이다. 왜냐하면 형이상학이란 바로 국지적 주장과 입장들을 정합적으로 통일시킨 하나의 체계라 할 수 있기 때문이다.

화이트헤드는 과정에 근거한 형이상학적 체계도 자신의 관점에 고착된 상태에서 개방과 변화를 거부하는 한 오류와 실수에 노출될 수 있다는 점을 강조한다.[81] 즉 모든 형이상학은 경험의 구체적 사례들이 드러내는 중요한 면들을 간과할 수 있고 그들의 특별하고 상세한 외침을 놓칠 수도 있다. 그러므로 과정 형이상학은 대부분의 형이상학이 필연적으로 직면하게 되는 이런 약점들을 감안하기에 항상 자신을 독선과 편협함 속에서 스스로를 해방시키지 않을 수 없는데, 태생적으로 이런 문제로부터 쉽게 스스로를 자유롭게 만들 수 있다. 과정 형이상학은 스스로의 학문이 언제나 미완적이며 과정 속에 있다고 보기 때문이다. 과정 형이상학의 입장에서 볼 때, 진리는 언제나 비진리를 동반하는 운명 속에 있다. 또한 절대는 상대를 동반한다. 물론 정합성도 부정합성을 동반한다고 말할 수도 있다. 그러므로 모든 형이상학자는 학문이 겪지 않을 수 없는 이런 점에 대해서 솔직히 인정하면서 겸손해야만 한다.

여기에 과정사상이 하나의 형이상학으로서 긍정적인 평가를 받을 수 있는 근거가 존재한다. 하나의 학문은 형이상학적 이상을 향해 여정을 계속하도록 우리를 자극할 때 진보할 수 있다. 하지만 하나의 학문은 언제나 스스로의 과정적 성격을 인식하면서 변혁에 개방적이 될 때 자신의 목표를 올바르게 달성할 수 있게 된다.[82]

이렇게 형이상학적 작업의 수행에 관한 한, 화이트헤드는 교조적 도그마티즘으로서의 형이상학은 거부할지라도 형이하의 세계를 보다 일반적이고 초월적인 체계를 통해 포괄하고 설명하려는 작업이 학문에 필수적이라는 사실을 주장하는 셈이다. 그리고 바로 그런 이유에서 형이상학의 본래 기능으로서의 보편성과 일반성을 추구하는 기능, 즉 초월적인 기능은 분명히 오늘날에도 철학적으로 요청되는 철학적 임무라 아니 할 수 없게 된다. 어떻게 보면 과정사상에서는 그동안 형이상학을 매도하게 만들었던 주범으로서의 이원론이 무조건 비판될 필요만은 없다는 지적도 가능할 수 있게 된다. 화이트헤드식으로 보면 전통적인 의미의 영/육 이원론이나, 예지계/현상계 이원론은 비판되지만, 건전한 의미의 유기적인 이분법은 우리의 인식론적 근거를 위해서 오히려 필수적으로 요청되는 덕목이다. 화이트헤드가 서양철학은 플라톤의 각주라고 말했던 것도 바로 이런 배경에서다.

화이트헤드의 관점에서 보면 솔직히 철학은 플라톤을 무조건 멀리할 수 없다. 왜냐하면 철학은 언제나 규정하고 설명하는 학문이기에 규정자와 피규정자를 구분하지 않을 수 없기 때문이다. 특히 규정자를 피규정자에게서 찾기보다는 외부에서 끌어오는 것이 때로는 보다 논리적이기 때문이다. 물론 여기서 규정자로 기능하는 영원한 객체나 형상이 현실적 존재나 질료보다 가치론적으로 우월하거나 존재론적으로 우선한다고 보는 것은 오류다. 하지만 인식론적으로 규정자와 피규정자의 이원론적 관계를 상정하지 않는다면 어떤 의미에서 끊임없는 철학적 방임과 존재론적 무질서가 횡행하게 될 것이다. 영원한 객체는 특수한 현실적 존재와 상관없이 그 본질에 대해 이해가 가능하다는 점에서 분명히 초월적이다. 그렇기에 이원론 자체에 하자가 있는 것은 아니다. 실제는 잘못된 이원론이 문제인 것이다. 따라서 플라톤식의 이원론에 근거한 형이상학이 문제가 많은 이유는 그의 이원론은 질료의 세계 없이 형상의 세계가 존재할 수 있고, 내재의 세계 없이 초월의 세계가 우선적으로 그리고 독자적으로 존재할 수 있다고 믿은 것에 있다. 이런 식의 플라톤을 계승한 것이 중세의 세계관이었다. 즉 진선미를 위계질서적인 등급 체계하에서 절대적 표준을 세워 판단하면서 진리와 비진리, 선과 악 등으로 이원화할 뿐만 아니라 밀려난 다른 관점을 소외시키는 데 이용했던 것이 중세의 주된 잘못이었던 것이다. 이는 당시의 전근대적 과학 그리고 그것에 편승한 낡고 고루한 종교적 사유의 재가를 받으면서 정치적으로 악용되는 원인이 되기도 했다. 낡은 전통 세계관에 기초한 이런 이원론적 가치론이 철학을 지배하지 못하는 오늘의 세계에서 플라톤주의 철학이 비판받는 것은 마땅하며 그의 철학에 입각한 초월 형이상학도 마찬가지다.

그러나 모든 철학은 하나의 온전한 인식론적 체계를 구축하려는 이상을 견지하려는 한, 어떤 형태로든 형이상학을 외면할 수 없다. 이것이 모든 형이상학이 매도될 수 없는 진정한 이유다. 따라서 잘못된 형태의 이원론을 버리고 새로운 형태의 초월철학을 말할 수 있는 체계를 세우는 것이 오늘의 철학적 과제이며 화이트헤드가 가고자 했던 길이다.

5

후기

상대성이론, 양자역학 등 현대 인류에게 선물된 다양한 과학적 이론들은 전통적 철학을 밑바탕에서부터 흔들어 놓았다. 새로운 과학적 통찰들은 전통철학의 확고한 기본개념들, 예를 들어 존재, 실체, 시간, 공간, 주체, 신GOD 등이 많은 흠결을 가지고 있기에 모두 재고되어야 한다고 본 것이다. 하지만 인류에게 이런 개념들을 전제하지 않고 사물을 합리적으로 이해할 수 있는 그럴싸한 대안이 존재하는 것도 아니기에, 결국 인류가 직면한 오늘의 철학적 과제는 새로운 철학의 정립을 통해 이런 개념을 구제하는 일이 되었다.

　오늘의 철학이 낡은 철학적 범주에서 탈출하고 새로운 과학적 통찰에 효과적으로 대응하기 위해서는 생성과 과정의 철학과 그것에 적합한 새로운 형이상학이 제시되어야 한다는 것이 화이트헤드의 신념이다. 그런 대안으로서, 화이트헤드는 과정철학 혹은 유기체의 철학이라 불리는 형이상학을 시도했으며, 이를 통해 인간이 어떻게 새로운 문명을 건설해 나

갈 수 있을지를 제시했다. 우리는 그의 새로운 철학을 통해서 어떻게 인간이 자연과 더불어 친화적 관계를 유지하면서도 동시에 새로운 문명의 개척에 나설 수 있을지 발견하게 될 것이며, 이에 근거해 새로운 의미의 생명사상을 구축해 나갈 수 있을 것이다.

또한 형이상학적 체계에 근거한 화이트헤드의 새로운 우주론은 전통 형이상학이 지니고 있었던 독단적이고 교조적인 주장들에서 벗어날 수 있는 방법을 제공하며, 이를 통해 최근의 포스트모던 운동이 토해 낸 회의주의와 해체주의의 부정적인 결과들에서 벗어날 수 있는 철학적 통찰을 제공할 수 있게 될 것이다.

필자는 본 작은 저서에서 주로, 화이트헤드가 전통적 철학적 개념이나 용어에서 벗어나기 위해 어떤 범주와 개념들을 사용했는지, 그리고 그런 과정에서 전통적 철학과 어떻게 대조될 수 있는지를 밝히려 했다. 화이트헤드 사상이 지니고 있는 심오함과 육중함을 감안할 때 본 저서 한 권으로 모든 설명을 가했다고 단언할 수는 없으나, 그럼에도 불구하고 화이트헤드 형이상학이 지닌 기본적인 구도와 입문적인 내용에 대해서는 어느 정도 충실히 전달했다고 자부한다.

혹시 본 저서를 읽은 후 화이트헤드에 대해 보다 심도 있는 이해를 구하려 하는 이들이 있을 것을 감안해 다음과 같은 팁을 드리고자 한다.

화이트헤드의 저서들을 직접 읽으려 하는 이들은 영어로 읽든 번역본을 읽든 독해가 거의 불가능함을 느낄 것이다. 단순히 영어라는 외국어로 쓰여서 어려운 것이 아니다. 또한 번역되는 과정에서 원전의 뜻에서 멀어졌기 때문에 어려운 것도 아니다. 진짜 이유는 화이트헤드가 사용하는 사상의 폭이 넓고 그 깊이가 매우 심층적이라서 그런 것이다. 따라서 초심자들은 한국어로 된 이차 자료, 그것도 평이하게 쓰인 입문서로 시작하는 것이 당연하다. 국내 학자에 의해서 집필된 가장 이상적인 입문서로는 문창옥의 『화이트헤드 철학의 이해』가 있다. 매우 잘 쓴 우수한 책이지만 이 역시 초심자들에겐 읽기 어려운 전문적 내용으로 가득 차 있기에, 화이트헤드를 보다 심층적으로 이해하려 할 때 읽는 것이 좋다. 따라서 『화이트헤드 읽기』를 읽은 다음에 후속 작품으로 권하고 싶은 입문서로는 토마스 호진스키Thomas Hosinski가 쓴 저서를 추천하고 싶다. 매우 우수한 내용의 책이면서도 쉽게 읽히는 아주 좋은 저서다. 오래 전에 필자와 이경호에 의해서 『화이트헤드 철학 풀어 읽기』라는 제목으로 공역되어 출판되었다. 그 외에 안형관과 이태호에 의해서 『화이트헤드 형이상학 이해의 길잡이』라고 번역된 아이보르 레크레어Ivor Leclerc의 책도 입문서로서는 괜찮다.

약 어

이하의 약어는 모두 앞에서 인용된 화이트헤드의 저서들을 표시한 것이다. 쪽수를 밝혀야 하는 경우, 독자에게 편의를 제공하기 위해 대부분 번역본의 쪽수를 밝혔다. 하지만 반드시 원전의 쪽수를 밝혀야 할 필요가 있을 때에는 따로 표시했다.

AI	『관념의 모험*Adventures of Ideas*』, 오영환 역, 한길사, 1996.
CN	*Concept of Nature*, London: Cambridge University Press, 1919(번역본이 없어 원전의 쪽수를 표시).
MT	『사고의 양태*Modes of Thoughts*』, 오영환, 문창옥 공역, 다산글방, 2003.
PR	『과정과 실재*Process and Reality*』, 오영환 역, 민음사, 1992.
RM	*Religion in the Making*, New York: Macmillan Company, 1926(문창옥과 정강길에 의한 두 개의 번역본이 있으나, 인용 숫자가 많지 않아 본서에서는 원서의 쪽수를 표시).
SMW	『과학과 근대세계*Science and the Modern World*』, 오영환 역, 서광사, 1991.

주석

1) 이에 대한 가장 좋은 분석으로는 화이트헤드의 『과학과 근대세계*Science and the Modern World*』가 있다. 국내에서는 오영환 교수에 의해서 번역되었는데, 화이트헤드의 초기 저서로서 그가 집필한 책 중에서는 시대를 초월해 가장 많이 읽힌 저서다.

2) SMW, 특히 1장과 6장~8장을 참조하라.

3) MT 30.

4) MT 32.

5) PR 71.

6) AI 127.

7) AI 7장을 주로 보라.

8) SMW 81, 그리고 94 이하를 보라.

9) 이 대목에서 화이트헤드와 베르그송의 추종자들 사이에는 심도 있는 토론이 필요할 수도 있다. 왜냐하면 베르그송이 강조하는 생의 철학의 입장에서 볼 때, 시간의 지속은 인간의 삶의 활동과 연계되어 우연성이나 가능성의 영역을 열어 놓을 수 있다고 주장할 수 있기 때문이다. 하지만 시간의 순수한 지속성에 대한 과한 주장은 베르그송으로 하여금 진정한 새로움과 차이를 어떻게 말할 수 있도록 하는지 이해할 수 없게 만든다는 것이 화이트헤디안들의 견해다. 시간이 순수하게 지속하기에 분할이 불가능하다는 주장은 모든 사물의 새로움과 차이를 그저 하나의 현상으로는 간주할 수 있게 하지만 그것들의 실재성에 대해서는 말하기 힘들게 한다는 지적이

화이트헤디안들의 비판이다. 따라서 베르그송의 철학이 비합리주의적이라는 것이다. 이런 주장의 한 사례에 대해서는 다음을 보라. 문창옥, "창조적 전진 ─베르그송과 화이트헤드─," 『철학연구』 제61집, 124-146쪽.

10) PR 103-104(원전 35-36), 158-159(원전 67-68)을 보라.

11) 국내의 화이트헤디안들은 'data'를 주로 여건으로 번역한다. 그것이 인식하는 주관에 먼저 주어졌고 인식은 그것 없이 성립하지 못한다는 철학적 전통, 즉 실재론적 전통을 중시하는 입장을 따라 'data'의 능동성을 강조하기 위함이다. 물론 과정철학이 사건과 계기occasion의 철학이라는 점도 여건이라는 번역어를 더욱 유용하게 보이도록 한다고 말할 수 있다.

12) SMW 84, 95.

13) SMW 193.

14) MT 154.

15) MT 184-185.

16) PR 79.

17) 노을의 비유는 화이트헤드 자주 사용하는 비유다. CN 29를 보라.

18) CN 29.

19) PR 29, 84, 222.

20) RM 88.

21) CN 166-167.

22) 화이트헤드에게서 동일성을 탄생시키는 추상화의 과정은 형성적 요소들로 설명된다. 즉 형성적 요소는 현재의 주체가 자신의 정신적 파악을 구성하는 데 동원되는 요소들이라 할 수 있다. 형성적 요소에 대한 상세한 소개는 바로 3장의 토론에서 이루어진다.

23) MT 171-174.

24) 바로 앞의 2장의 토론을 참조하라.

25) 이런 내용에 대한 보다 세밀한 토론을 보려면 문창옥, 『화이트헤드 철학의

이해』를 참조하라. 필자 역시 문창옥의 논문에서 많은 통찰을 얻었다.

26) 그러나 이 말을 화이트헤드가 '실체'에 해당하는 철학적 개념 자체를 전적
으로 부정했다고 이해해서는 안 된다. 화이트헤드 철학 내에서 실체에 해
당하는 비슷한 용어가 있기 때문이다. 그것이 바로 사회society인데, 이는
앞의 1장의 3절에서 부분적으로 다루었고 바로 밑에서도 재차 다루어질
것이다.

27) PR 83.

28) 현실적 존재와 결합체 그리고 사회의 특성과 차이에 대해서는 AI의 13장,
특히 3절을 보라.

29) 관계의 철학으로서 가장 대표적인 것은 동양의 종교철학적 입장들이 있다.
힌두교와 불교의 인연론이 그렇고 유교의 삼강오륜에서 보이는 예가 그렇
다. 관계의 철학에서는 타자와의 관계성을 중시하다 보니 타자, 외부 등의
관점이 중요하게 되면서 주체적 관점의 중요성을 놓치는 약점이 있다.

30) 화이트헤드는 『과정과 실재』에서 비슷한 말을 하고 있는데, 이를 위해서는
다음을 보라. PR 318, 415.

31) PR 286.

32) SMW 141.

33) PR 74.

34) PR 316-317.

35) PR 602.

36) 화이트헤드는 Immortality라는 논문을 써서 이를 밝혔다. Paul Schilpp이 편
집한 *The Philosophy of Alfred North Whitehead*, Tudor Publishing Company,
1951에 실려 있는 논문을 보라.

37) PR 173.

38) 영원한 객체를 비롯해 형상의 중요한 기능은 동일성, 보편성, 필연성 등을
제공하는 것으로 알려져 왔다. 하지만 가장 중요한 기능은 인간에게 이상

을 제공함으로써 문명 창조의 근원이 된다는 점을 빼놓을 수 없다. 현실적 존재와 현실적 존재가 관계를 맺을 때 영원한 객체가 부여하는 패턴과 형상을 가정하고 상상하는 것과 그렇지 않은 것에는 많은 차이가 있다. 바둑의 돌 하나가 다른 돌과 삼각형의 관계를 맺을 때 우리는 두터움이 생성된다고 하는데 그것을 통해 바둑을 두고 있는 기사들은 공포도 느끼고 환희도 느끼게 된다. 형상이 현실적 존재에게 감성적 만족의 근원을 제공하는 전형적인 경우다. 형상이 제공한 이상을 만족시킬 때 문명이 탄생되는 것이다.

39) 대상 역시 문자 그대로는 인식아에 마주 서 있는 것이라서 반드시 주관주의적으로 해석할 필요가 없다. 하지만 전통적으로 근대의 주관주의자들은 대상의 이런 객체적인 면을 무시해 왔다는 것도 사실이기에 대상이라는 어휘는 약점을 지닌다.

40) PR 304.

41) PR 133-134.

42) 이런 문제들에 대한 토론으로는 문창옥의 『과정철학의 이해』, 94쪽 이후를 참조하라.

43) 영원한 객체는 불변하는가? 영원한 객체는 순수한 가능태로 불리며 보편성, 추상성, 동일성 등의 특징을 갖는다. 따라서 시대와 역사를 초월해 불변한다. 이런 문제를 보다 전문적인 필치로 다룬 것은 문창옥, 『과정철학의 이해』, 94-95쪽에서 발견된다.

44) PR 78.

45) RM 77.

46) PR 55.

47) PR 410.

48) PR 410.

49) 새것의 출현은 영원한 객체들에서 기인한다. 그러나 영원한 객체의 활동

에는 신과 창조성이 연관된다는 점에서 신과 창조성도 새것의 출현에 관여한다고 볼 수 있다.

50) 토마스 쿤은 이를 『과학혁명의 구조』라는 책에서 잘 설명했다. 토마스 쿤, 『과학혁명의 구조』, 김명자 외 역, 까치글방, 2013.

51) 플라톤, 『티마이오스』, 박종현 역, 서광사, 2000.

52) 영원한 객체의 직시와 관련하여 화이트헤드가 신의 초월성을 인정하면서도 그가 직접적 규정자는 아니라고 주장할 때 과연 그의 초월성이 진정한 의미에서 절대적인 성질의 것인지의 여부에 대해서 반문할 수 있다. 필자의 생각에 규정한다는 행위도 두 가지다. 영원한 객체들의 관계를 신이 절대적으로 규정하는 것은 인간의 자유를 침해하게 되며 상상력도 일으키지 못하게 되어 문명의 창조에 방해가 된다. 그렇기에 절대적 규정은 문제가 된다. 그러기에 신의 규정은 상대적이라 해야 할 것이다. 신의 규정이 상대적이라고 기술하더라도 문제가 생성되는 것은 아니다. 즉 신의 규정이 상대적이라는 말과 그로 인해 세상 속에서 동일성이나 필연성이 사라진다고 믿는 것은 전혀 별개의 것이기 때문이다. 즉 영원한 객체에 대한 신의 직시를 통해 세계 내 현실적 존재들의 동일성이나 필연성은 절대적으로 유지된다. 단지 그런 것들이 유동적으로 느껴지는 것은 인간의 의지와 욕망의 차원에서 기인하는 것이다. 물론 인간의 이성은 여기서조차 세계 내에 존재하는 필연성과 동일성을 믿고 행동하고 있으면서도 말이다.

53) 이에 대해서는 칸트의 『판단력 비판』의 II부, 즉 목적론적 판단력에 대한 토론을 참조하라. 국내에 나와 있는 『판단력 비판』의 번역서 중, 백종현의 것이 목적론적 판단력에 대한 부분을 포함하고 있는 책 중의 하나다.

54) PR 343.

55) PR 154.

56) PR 410,

57) PR 88-89.

58) PR 84.

59) 이렇게 최초의 부분을 차지하는 것을 최초의 지향initial aim이라고 부르며 그것은 신에게서 온 유혹과 만나서 주체적 결정의 최초 위상을 구성한다. 다음을 보라. PR 441.

60) 이를 위해서는 문창옥의 토론이 좋다. 그의 책『화이트헤드 철학의 이해』, 103-105쪽을 보라.

61) 화이트헤드가 사용하는 정합성의 의미는 "어떤 기본적 관념이 상호 간에 전제되고 있어서 그것이 서로 고립될 경우 의미를 상실하는 것"(PR 3)이다.

62) 화이트헤드는 베르그송을 반주지주의자로 오해할 수 있다는 점을 인정한다. 하지만 화이트헤드 자신의 새로운 이론, 즉 시간의 연속성을 강조하는 것을 넘어 시간의 획기성epoch을 강조하는 이론을 내 놓으면서 베르그송을 반주지주의에서 구하려 한다. 화이트헤드의 책, PR 41을 참조하라. 베르그송과 화이트헤드가 공히 시간의 지속을 강조하면서도 동시에 서로 어떻게 다른 길을 가는지에 대한 토론, 특히 화이트헤드가 시간의 획기성 이론을 통해서 베르그송이 비판했던 지속의 공간화의 문제를 어떻게 해결하려 하는지를 토론한 국내의 저작으로는 오영환의 저서를 보라.『화이트헤드와 인간의 시간경험』, 통나무, 1997, 5-6장을 보라.

63) SMW 192-194.

64) AI 173.

65) PR 52.

66) PR 59.

67) MT 1장을 보라.

68) SMW 84, 95.

69) 여기서 목적론적이라는 말을 사용할 때 우리는 매우 조심해야 한다. 목적론에는 아리스토텔레스와 같은 유형도 있고, 심지어 기독교에서 말하는 결정론적 목적론도 있기 때문이다. 화이트헤드의 체계가 목적론적이라 할

때, 그것은 부동의 원동자가 모든 것의 원인이 된다는 의미의 아리스토텔레스적인 것도 아니며 기독교적인 것은 더욱 아니다. 화이트헤드는 신을 세계가 추구해야 할 단순한 목적으로 간주하지 않는다. 또 하나 주의해야 할 점은 화이트헤드의 목적론이 모든 의미의 기계론을 부정하는 것도 아니라는 점이다. 자연과학적 이론에 정통했던 그는 기계론의 중요성도 알고 있었다. 단 화이트헤드의 기계론이 언제나 유기체적 기계론이라는 점이 다를 뿐이다. 이런 기계론도 기계의 중요성에 입각한 이론이기는 하지만 그것은 해당 기계가 어느 환경에 놓여 있느냐에 따라서 기능이 달라진다는 것을 강조한다. 기계의 세상에도 목적인이 도입될 수 있다는 말이다. 따라서 '유기체적'이라는 말은 생물학적인 의미가 아니라, 물리적인 것과 개념적인 것에도 유기체적인 현상을 적용할 수 있다는 뜻으로 해석되어야 한다.

70) PR 212.

71) AI 326.

72) AI 326.

73) 유기체설은 전체를 강조한다. 전자도 원자도 맹목적이 아닐 수 있다. 그것이 인간 안에 놓여 있는 경우는 다르다는 말이다. 즉 현실적 존재의 환경이 어디냐, 어떤 환경에 놓여 있느냐에 따라서 그것은 목적인을 발동시킬 수 있다. 다음을 보라. SMW 125.

74) PR 333.

75) PR 453-455.

76) 무엇보다 먼저 우리는 생명과 정신성mentality을 구별해야 한다(MT 191을 참조하라).

77) CN 29.

78) 화이트헤드는 현실적 존재를 'a drop of experience'라고 명하며, 과정은 여러 국면phases으로 나눌 수 있음을 주장한다.

79) PR 51.

80) 질 들뢰즈/펠릭스 가타리,『천개의 고원』, 김재인 역, 새물결, 2001, 5장을
참조하라.

81) 형이상학은 진리에 대해 점근선적으로 접근asymptotic approach해 갈 뿐이고,
따라서 그것 역시 과정일 뿐이라는 주장은 위에서 이미 언급된 바 있다.
PR의 51쪽을 보라.

82) 목적에 대한 설명으로서는 화이트헤드의 다음의 언급을 보라. AI 208-
209.

세창사상가산책 **13** │ 화이트헤드